기출 분석 좋은~

한국사능력검정시험 [심화 1·2·3급]

해품사 76회 저격 모의고사

적중 키워드 50 + 무료해설강의

저격키워드
#구석기 시대

쉽게 나올 경우
- 도구: 뗀석기(예 긁개, 슴베찌르개, 주먹도끼, 찍개 등)
- 생활상: 동굴 및 막집, 바위 그늘에서 살았음
- 유적지: 공주 석장리(남한에서 최초로 발견된 구석기 유적지)

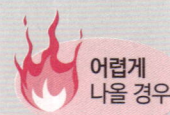
어렵게 나올 경우
- 생활상: 사냥과 채집 및 이동 생활
- 유적지: 공주 석장리(남한에서 최초로 발견된 구석기 유적지), 연천 전곡리

통수 대비 키워드
#신석기 시대
- 도구: 가락바퀴, 뼈바늘, 갈돌과 갈판, 덧무늬 토기, 빗살무늬 토기, 이른 민무늬 토기(*민무늬 토기-청동기 시대)
- 생활상: 농경 및 목축, 정착 생활의 시작, 움집에서 거주
- 유적지: 서울 암사동, 부산 동삼동(패총), 제주 고산리

→ *통수 대비 키워드란?
저격 키워드 대신 기습적으로 출제될 수 있는 유력 키워드로, 출제 확률이 높을 경우 수록됩니다.

해품사 예측 근거

한능검 급수 체계 개편 이후 역대 한능검 기출에서는 사실상 1번 문제로 선사시대의 생활상 유형을 출제하였습니다. 이 유형은 대체로 직전 회차에서 출제된 시대를 제외하고 다른 시대를 출제할 가능성이 높고, 특히 75회차에서 청동기 시대를 출제하였기 때문에, 76회차에서는 구석기 또는 신석기 시대가 출제될 가능성이 높습니다. 또한 올해 시험 중 제74회에서 신석기 시대, 제73·75회에서 청동기 시대를 이미 출제하였기 때문에, 제76회에서는 올해 아직 한 번도 출제되지 않은 구석기 시대가 출제될 가능성이 가장 높다고 예상됩니다.

여기서 무조건 나온다! 저격 키워드 기출 선지 싹 모음

선지
구석기 시대에는 주로 동굴이나 바위 그늘에서 살았다. (47, 48, 49, 50, 51, 52, 53, 55, 56, 57, 58, 59, 60, 61, 62, 63, 65, 66, 67, 68, 69, 70, 71, 72, 73, 75회)
구석기 시대에는 주먹도끼, 찍개 등의 뗀석기를 처음 제작하였다. (49, 57, 60, 69, 72, 73, 75회)

통수 조심! 통수 대비 키워드 기출 선지 싹 모음

선지
신석기 시대에는 가락바퀴와 뼈바늘을 사용하여 옷을 만들기 시작하였다. (47, 50, 51, 52, 53, 54, 57, 58, 62, 64, 65, 66, 68, 69, 70, 73, 75회)
신석기 시대에는 빗살무늬 토기를 만들어 식량을 저장하였다. (48, 50, 55, 59, 60, 63, 66, 67, 71회)
신석기 시대에는 농경과 목축이 최초로 시작되었다. (49, 56, 61, 74회)

한국사능력검정시험 제76회 약간 매운맛 예상!

2025. 10. 18. 시행

1 약간 매운맛 예측 근거

1) 한능검 급수 체계 개편 이후 합격률 top5로 높은 합격률

제75회 한능검의 합격률은 61.95%로, 개편 이후 회차 합격률 중 top5 안에 들 정도로 상당히 높았습니다. 한능검은 평균적으로 합격률이 높게 책정되면, 다음 회차에서 난이도를 비교적 어렵게 조절하는 특징이 있기 때문에, 제76회는 이전 회차보다 어렵게 출제될 확률이 높습니다.

2) 3급에서 1급으로 갈수록 높아지는 합격률

제75회 한능검의 합격률은 3급 14.54%, 2급 16.28%, 1급 31.14%의 합격률을 보이며 1급으로 갈수록 합격률이 크게 상승하였습니다. 이처럼 1급에 가까울수록 합격률이 높아진다는 것은 제75회 한능검의 난도가 높지 않았음을 시사합니다. 한능검은 직전 회차의 난이도에 영향을 많이 받는 시험이기 때문에 제76회 한능검은 '약간 매운맛'으로 출제될 가능성이 높습니다.

2 76회차 주목 포인트 & 학습 전략

1) 한능검이 좋아하는 유형 및 키워드 주목!

제75회 한능검에서도 기존 한능검에서 반복적으로 활용되었던 키워드가 다시 출제된 것을 확인할 수 있었습니다.

➜ **학습 전략**: 최소한 제76회 기준 최근 5회분 이내에 출제된 기출의 유형과 키워드를 집중적으로 복습하고 암기할 것을 권장합니다. 한능검 필승 전략은 한능검이 좋아하는(반복 출제되는) 키워드에 대한 완벽한 학습입니다.

2) 전반적인 시대 및 시기별 키워드 비교 주목!

최근 한능검에서는 인물이나 국가가 아닌 특정 시대 및 시기를 파악하는 유형을 출제하는 비중이 늘어났습니다. 즉 흐름형 유형 이외에도 다양한 방식으로 시기를 파악하는 유형을 출제하는 추세입니다.

➜ **학습 전략**: 한능검의 경우 대부분의 유형이 전반적인 시대 구별만 할 수 있더라도 충분히 풀 수 있도록 출제하기 때문에, 기출을 중심으로 다양한 시대별 & 흐름형 유형을 풀이하여 특정 시대를 나타내는 대표 키워드를 암기하는 것을 권장합니다.

유튜브 일정 check!

- **시험 D-21** 76회 한능검 예상 유형 키워드 정리
- **시험 D-7** 76회 한능검 예상문제 저격 특강

*강의 업로드 일정은 변경될 수 있습니다.

제76회 대비 제75회 한능검 심화 총평

새로운 출제 방식이 많았으나, 전반적으로 문제 유형이 깔끔한 회차!

1 난이도: 보통 맛(중)

제75회는 물능검? 낯선 유형이 포함되어 있으나 풀이가 어렵지 않았던 회차

- 문제에서 제시된 정보를 모두 파악하는 것은 어려울 수 있는 시험이었으나 소거법을 활용하면 정답은 충분히 맞힐 수 있는 문항이 많았습니다! (예 2번)
  - 고조선 역사를 흐름형으로 출제하거나 자주 출제되지 않는 순조의 재위 시기 사건일을 묻는 것처럼 보이는 문항이 있었으나 오답 선지의 시대가 문제에서 묻는 시기와 동떨어져 있었음!
- 제75회 한능검에서는 다른 회차에 비해 "특정 시기 이후"의 역사적 사실을 묻는 유형이 많이 출제되었습니다! (예 15, 40번)
  - 이런 유형의 경우 선지에서 가장 마지막에 발생한 사건을 고르면 쉽게 풀이 가능!
- 특정 시기 또는 시대를 유추 & 파악하는 유형을 많이 출제했습니다! (예 27, 35번)
  - 세부 키워드까지 파악하지 않아도 대략적인 구별만 할 수 있다면 정답을 맞힐 수 있는 난이도로 출제되었음!
- 고급 회차(한능검 급수 체계 개편 이전 1, 2급 시험)에서 출제되었던 사료와 출제 방식을 다시 활용하는 사례가 확인되었습니다! (예 7, 45번)
  - 7번과 45번은 고급 회차에서 출제되었던 사료를 활용한 흐름형 유형으로 고전 기출 응용 사례로 볼 수 있음!

> **결론**: 올해 첫 회차부터 보였던 **새로운 출제 방식이 점차 본격적으로 활용**되어 문제 유형이 색다르다고 느낄 수 있으나, **교재 및 기출을 통해 기본기를 다진 수험생은 풀이하기 쉽게** 아주 잘 만든 **모범적인 회차**!

---

2 유형 분포도

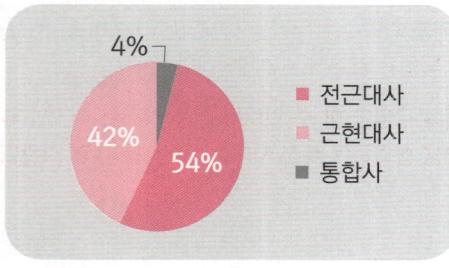

1) **전근대사 비중(54%)**: 1~27번
2) **근현대사 비중(42%)**: 28~37번, 39~49번
3) **통합사 비중(4%)**: 38번(대한 제국~대한민국의 역사)
   50번(제주도 지역사)

- 근현대사 파트에서 여러 시대를 조금씩 섞어 출제하였습니다.
- 주제 찾기, 특정 시대의 역사 유추 등의 새로운 방식으로 출제된 문항이 늘어났습니다.
- 다른 회차에 비해 단일 통합형 & 복합 통합형 유형 출제 비중인 낮은 편이었습니다.
- 인물 유형의 경우 기출에서 자주 출제되었던 인물들이 재출제되었습니다.

저자직강 무료강의

오픈채팅 실시간 소통

3 제75회 오답 포인트 check!

1) 직접적인 키워드에만 주목하면 낯선 사료를 해석할 수 없어요! (예) 7번)

한능검은 기존에 활용했던 키워드를 재사용하거나 응용하는 경우가 많은 시험입니다. 하지만 기존에 출제되어 익숙한 키워드와 관련된 키워드를 출제하여 유형에 변주를 주기도 합니다. 이러한 문항이 출제된 경우 **익숙한 키워드와 최대한 비슷한 키워드를 찾으세요!** 낯선 사료가 제시된 7번 문항의 경우에도 '당', '장성을 쌓았다'는 키워드를 통해 7세기 고구려의 외세 방어 유형이라는 점을 파악할 수 있는 문항이었습니다. 고난도로 보이는 문항에도 힌트가 숨어있다는 사실을 잊지 마세요!

2) 키워드만 단편적으로 이해하면 고난도 흐름형 유형에 대처할 수 없어요! (예) 38번)

제75회 한능검 38번의 경우 (가)~(라)에 해당하는 사료가 네 개나 제시되었고, 각 사료가 나타내는 사건의 순서를 알고 있어야 풀 수 있는 문제였습니다. 또한 사료 간의 시점 차이가 근소하여 정답을 맞히기 어려운 고난도 문항이었습니다. 이런 문항을 푸는 방법은 **기출 사료를 충분히 분석**하는 것입니다. 38번에 활용된 사료들은 이미 기출에 출제된 적이 있는 사료였기 때문에 키워드만 외우는 것이 아니라 키워드가 포함된 사료와 사료가 나타내는 사건의 전후 맥락을 공부한다면 고난도 유형이 출제되어도 충분히 정답을 맞힐 수 있습니다!

★50문제 중 41문제 적중★

*유튜브 [해품사 한능검 75회 심화편 예상 유형 키워드 정리] + 「75회 저격모의고사」 기분좋은 한국사능력검정시험 심화」 기준
*실제 시험 50문제 중 41문제(주제 키워드, 보기 키워드, 선지 등)가 「75회 저격모의고사」 기분좋은 한국사능력검정시험 심화」 등의 수록 내용과 일부 동일하거나 유사하게 출제되었습니다.

2025. 8. 9. 시행 제75회 한국사능력검정시험 16번

16. 다음 상황이 나타난 국가의 경제 모습으로 옳은 것은? [2점]

○ 동소(銅所)·철소(鐵所)·자기소(瓷器所)·지소(紙所)·묵소(墨所) 등 여러 소에서 별공으로 바치는 물건들을 너무 과중하게 징수하여 장인들이 고통스러워 도망하고 있다.
○ 왕이 명령하기를, "이제 처음으로 화폐를 주조하는 법을 제정하였으니, 주조한 돈 1만 5천 관(貫)을 여러 관리와 군인들에게 나누어 주어 이를 통용의 시초로 삼고 전문(錢文)은 해동통보라 하여라." 라고 하였다.

① 청해진을 설치하여 해상 무역을 전개하였다.
② 재정 문제를 해결하기 위한 당백전이 발행되었다.
③ 재해약조가 체결되어 세견선의 입항이 허가되었다.
④ 육의전을 제외한 시전 상인의 금난전권이 폐지되었다.
⑤ 예성강 하구의 벽란도가 국제 무역항으로 번성하였다.

해품사 75회 저격모의고사 15번

15. 다음 상황이 나타난 시기의 경제 상황으로 옳은 것은? [2점]

○ 왕이 명하였다. "도성 안의 백성들이 역질에 걸렸으니 구제도감을 설치하여 치료하고, 시신과 유골은 거두어 비바람에 드러나지 않게 매장하라."
○ 중서성에서 아뢰었다. "지난해 관내 서도의 주현에 흉년이 들어 백성이 굶주리고 있습니다. 사창과 공해(公)의 곡식을 내어 경작을 원조하고, 가난하여 스스로 살아갈 수 없는 자는 의장을 열어 진휼하십시오."

① 백성에게 정전이 지급되었다.
② 벽란도가 국제 무역항으로 번성하였다.
③ 고구마, 감자 등의 구황 작물이 재배되었다.
④ 시장을 감독하기 위해 동시전을 설치하였다.
⑤ 일본과의 무역을 허용하고 계해약조를 체결하였다.

주제 적중

정답 적중

어떤 길은 시작한 것만으로도,
다른 길이 펼쳐진다.

#기분좋은예감 #새로운시작

제76회 **2번**

저격키워드

#동예

쉽게 나올 경우
- ✅ 풍습: 무천(제천 행사), 책화(다른 부족의 영역 침범 시 소나 말 등으로 배상)
- ✅ 특산물: 단궁·과하마·반어피

어렵게 나올 경우
- ✅ 지배층: 읍군 및 삼로(*옥저도 해당됨)
- ✅ 풍습: 족외혼

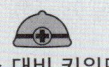
통수 대비 키워드 #부여
- ✅ 관직: 마가·우가·저가·구가 → 사출도 관할
- ✅ 제도: 1책 12법
- ✅ 풍습: 순장, 영고(제천 행사), 우제점법, 형사취수제

 **해품사 예측 근거**

한능검은 첫 페이지에서 선사 시대의 생활상 유형을 출제한 뒤, 다음 유형으로 고조선 또는 여러 국가의 형성과 관련된 사례를 출제할 가능성이 매우 높습니다. 특히 최근 회차인 72·74·75회차에서 고조선은 세 번이나 출제될 정도로 최근 기출에서 높은 출제율을 보였습니다. 단, 고조선과 관련된 키워드를 사실형, 흐름형 유형으로 이미 많이 출제하였기 때문에, 올해 마지막 회차는 여러 국가(예 부여, 고구려, 옥저, 동예, 삼한)와 관련된 사실 유형을 출제할 가능성이 높습니다. 그러므로 최근 비교적 언급이 적었던 동예를 우선적으로 공략하는 것을 권장하며, 이 외에도 역대 기출에서 가장 출제 빈도가 높았던 국가인 부여와 관련된 사실을 추가적으로 암기하는 것을 권장합니다.

→ *통수 대비 키워드란?
저격 키워드 대신 기습적으로 출제될 수 있는 유력 키워드로, 출제 확률이 높을 경우 수록됩니다.

📁 **여기서 무조건 나온다! 저격 키워드 기출 선지 싹 모음**

선지
동예는 읍락 간의 경계를 중시하는 **책화**가 있었다. (47, 48, 51, 53, 54, 56, 58, 60, 62, 64, 65, 69, 71, 74회)
동예는 특산물로 **단궁, 과하마, 반어피**가 유명하였다. (49, 55, 56, 60, 61, 68, 74회)
동예는 **무천**이라는 제천 행사를 즐겼다. (59, 63, 67, 70회)

⛑ **통수 조심! 통수 대비 키워드 기출 선지 싹 모음**

선지
부여는 여러 가(加)들이 각각 **사출도**를 주관하였다. (49, 50, 53, 54, 55, 57, 60, 61, 62, 63, 65, 66, 68, 69, 70, 71, 72, 73, 74회)
부여는 영고라는 제천 행사를 열었다. (47, 48, 50, 51, 56, 64, 67회)

저격키워드
#소수림왕

쉽게 나올 경우
✓ **정책**: 태학 설립(국립 교육 기관), 율령 반포

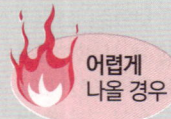
어렵게 나올 경우
✓ **정책**: 불교 수용(중국 전진의 승려 순도가 전파)
#해품사 암기 힌트 소수림왕은 국가 부흥을 위해 몸을 열심히 불태웠다!(불교 수용, 태학 설립, 율령 반포)

통수 대비 키워드
#장수왕
✓ **정책**: 광개토 대왕릉비 및 충주 고구려비 건립, 국내성에서 평양으로 천도(427) 및 남진 정책 추진
✓ **외교**: 백제 한성 함락(475-백제 개로왕 살해)

해품사 예측 근거

고대에서 가장 먼저 공략할 필요가 있는 유형은 삼국 시대의 대표적인 왕의 업적입니다. 이 유형의 경우 고구려의 소수림왕·광개토 대왕·장수왕, 백제의 근초고왕·무령왕·성왕, 신라의 지증왕·법흥왕·진흥왕을 우선적으로 공략할 필요가 있습니다. 또한 최근 기출에서 고구려의 광개토 대왕, 백제의 근초고왕·성왕, 신라의 진흥왕과 관련된 사례가 이미 출제되었으므로, 다른 대표적인 왕의 업적을 공략하는 것을 권장합니다. 특히 고구려의 소수림왕은 최근 기출 경향상 1년에 한 번 정도는 반드시 출제되는 편이지만, 올해 아직 출제되지 않았으므로 76회차에 출제될 가능성이 있습니다.

*통수 대비 키워드란?
저격 키워드 대신 기습적으로 출제될 수 있는 유력 키워드로, 출제 확률이 높을 경우 수록됩니다.

📁 여기서 무조건 나온다! 저격 키워드 기출 선지 싹 모음

선지
소수림왕은 전진의 승려 순도를 통해 **불교를 수용**하였다. (60, 65, 70회)
소수림왕은 **태학을 설립**하여 인재를 양성하였다. (56, 61, 68회)
소수림왕은 **율령을 반포**하였다. (62, 64, 68회)

🎩 통수 조심! 통수 대비 키워드 기출 선지 싹 모음

선지
장수왕은 도읍을 국내성에서 평양으로 천도하였다. (56, 60, 62, 66, 68, 70, 72회)

저격키워드
#백제의 문화유산

 **쉽게 나올 경우**
- ✓ **불상**: 서산 용현리 마애 여래 삼존상(백제의 미소)
- ✓ **탑**: 익산 미륵사지 석탑(탑 내부에서 금제 사리봉영기 발견)

 **어렵게 나올 경우**
- ✓ **탑**: 부여 정림사지 오층 석탑('평제탑'이라고 불리기도 함)
- ✓ **기타 문화유산**: 백제 금동 대향로(능산리 절터에서 출토, 불교 및 도교 사상 복합 반영)

 **why? 해품사 예측 근거**

최근 한능검에서 고대의 특정 국가와 관련된 전반적인 사실 또는 대표 문화유산 사례를 파악하는 유형의 출제율이 증가하였습니다. 이러한 최근 경향에 맞춰 각 국가 관련 대표 문화유산을 한 번이라도 복습하는 것을 권장합니다. 특히 제73회에는 고구려의 문화유산, 제75회에는 신라의 문화유산을 파악하는 유형을 출제하였습니다. 따라서 제76회에서는 최근에 출제되지 않은 백제의 문화유산을 우선적으로 공략하는 것을 추천합니다.

📁 **여기서 무조건 나온다!** 저격 키워드 기출 선지 싹 모음

익산 미륵사지 석탑	백제 금동 대향로
해품사 암기팁!	해품사 암기팁!
한입 베어 먹은 사과 연상!	꼭대기에 앉아 있는 봉황 기억!

저격키워드
#신문왕

- ✅ **정치**: 김흠돌의 난 진압, 9주 5소경 정비(지방 행정 제도), 9서당 10정 정비(군사 제도)
- ✅ **경제**: 관료전 지급 및 녹읍 폐지
- ✅ **문화**: 감은사 건립, 국학 설립

#해품사 암기 힌트 신문왕은 9(구)를 좋아한다!(국학, 9주 5소경, 9서당 10정 등)

 **해품사 예측 근거**

한능검은 통일 신라의 왕 중에서 신문왕을 가장 많이 출제하였습니다. 특히 최근 기출에서도 신문왕의 다양한 업적은 왕 업적 유형 외에도 시대 통합형 유형에서 여러 방식으로 응용되었기 때문에, 신문왕 관련 키워드를 반드시 암기할 필요가 있습니다.

- ✅ **정치**: 달구벌(대구) 천도 시도
- ✅ **문화**: 설총의 「화왕계」 진상

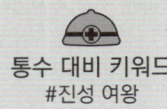

통수 대비 키워드
#진성 여왕

- ✅ **정치**: 원종과 애노의 난 및 적고적의 난 발생, 최치원의 시무책 10여 조 건의
- ✅ **문화**: 『삼대목』 편찬

***통수 대비 키워드란?**
저격 키워드 대신 기습적으로 출제될 수 있는 유력 키워드로, 출제 확률이 높을 경우 수록됩니다.

📁 여기서 무조건 나온다! 저격 키워드 기출 선지 싹 모음

선지
신문왕은 관료전을 지급하고 녹읍을 폐지하였다. (47, 49, 51, 54, 56, 57, 60, 61, 62, 64, 67, 71, 74, 75회)
신문왕 때 왕의 장인인 김흠돌이 반란을 도모하였다. (49, 50, 51, 53, 54, 55, 58, 63, 64, 67, 72, 73, 75회)
신문왕은 군사 조직을 9서당 10정으로 편성하였다. (48, 56, 59, 61, 69회)
신문왕 때 국학을 설립하여 유학 교육을 진흥시켰다. (51회)

통수 조심! 통수 대비 키워드 기출 선지 싹 모음

선지
진성 여왕 때 최치원이 왕에게 시무책 10여 조를 건의하였다. (52, 58, 62, 63, 64, 65회)
진성 여왕 때 향가 모음집인 삼대목이 편찬되었다. (51, 55, 65, 67, 70회)

제76회 6번

저격키워드
#의상

- **사상 및 활동**: 당나라 유학, 「화엄일승법계도」 저술 (화엄 사상을 정리한 시)
- **사찰**: 부석사 창건

- **사상 및 활동**: 관음 신앙(관세음보살을 신봉함)
- **사찰**: 낙산사 창건

통수 대비 키워드
#혜초
- **활동**: 인도 및 중앙아시아 기행, 『왕오천축국전』 저술

why? 해품사 예측 근거

최근 한능검은 고대 및 고려 시대에 활동한 특정 승려의 업적 파악 유형을 1년에 한 번 정도는 출제하는 편입니다. 특히 승려 유형은 제70~71회에 출제된 이후 약 1년 가까이 출제되지 않았기 때문에, 76회차에 출제될 가능성을 고려하여 암기를 권장합니다.

→ ***통수 대비 키워드란?**
저격 키워드 대신 기습적으로 출제될 수 있는 유력 키워드로, 출제 확률이 높을 경우 수록됩니다.

📁 여기서 무조건 나온다! 저격 키워드 기출 선지 싹 모음

선지
의상은 화엄일승법계도를 지어 화엄 사상을 정리하였다. (51, 54, 55, 56, 60, 65, 66, 70회)
의상은 현세의 고난에서 구원받고자 하는 관음 신앙을 강조하였다. (67회)

🪖 통수 조심! 통수 대비 키워드 기출 선지 싹 모음

선지
혜초는 구법 순례기인 왕오천축국전을 남겼다. (47, 51, 55, 56, 60, 61, 62, 63, 65, 70, 71회)

저격키워드
#통일 신라의 경제 상황

쉽게 나올 경우
- ✓ **무역항**: 당항성, 울산항
- ✓ **외교**: 장보고의 청해진 설치 및 당나라 내 법화원 설치
- ✓ **토지 문서**: 촌락 문서(민정 문서) → 조세 수취 및 노동력 동원을 위한 목적으로 작성

어렵게 나올 경우
- ✓ **시장**: 서시 및 남시

해품사 예측 근거

통일 신라의 경제 상황 유형은 고대에서 최소 1년에 한 번 정도는 출제되는 대표적인 빈출 문항입니다. 특히 최근 기출인 제73~75회에서 통일 신라 후기의 사회상과 관련된 다양한 유형이 이미 출제되었으며, 통일 신라의 경제 유형은 제72회 이후 현재까지 단 한 번도 출제되지 않았기 때문에 올해의 마지막 회차인 76회차에서 출제될 가능성이 있다고 판단됩니다.

 여기서 무조건 나온다! 저격 키워드 기출 선지 싹 모음

선지
통일 신라의 장보고는 청해진을 설치하여 해상 무역을 전개하였다. (47, 49, 51, 52, 53, 56, 57, 61, 62, 63, 65, 71, 75회)
통일 신라는 울산항, 당항성이 무역항으로 번성하였다. (49, 56, 59, 61, 63, 64, 72회)
통일 신라는 조세 수취를 위해 3년마다 촌락 문서를 작성하였다. (54, 58회)
통일 신라는 수도에 서시와 남시를 설치하였다. (69회)

저격키워드
#최치원

 **쉽게 나올 경우**	✓ **활동**: 「격황소서(토황소격문)」, 당나라 빈공과 합격, 진성 여왕에게 시무책 10여 조 건의 ✓ **특징**: 6두품 출신	
 **어렵게 나올 경우**	✓ **활동**: 『계원필경』 저술, 「해인사 묘길상탑기」 저술 **#해품사 암기 힌트** 최치원은 6두품 출신이라 가난해서 게토레이(계원필경 및 토황소격문)를 10개(시무책 10여 조) 사 먹으니 빈곤해졌다!(빈공과 합격)	
 **통수 대비 키워드** **#설총**	✓ **특징**: 원효의 아들 ✓ **활동**: 이두 정리(한자의 훈과 음을 차용한 표기법), 「화왕계」 작성	

 **why?** 해품사 예측 근거

최치원은 역대 기출에서 최소 1년에 한 번씩은 반드시 언급된 대표적인 고대의 빈출 인물입니다. 특히 이 인물의 경우 통일 신라 후기 사회상 유형의 대표 인물로도 언급될 수 있으며, 제74회에서 최치원과 함께 통일 신라 후기의 대표 인물인 장보고가 이미 출제되었기 때문에 76회차에 더욱 주목할 것을 권장합니다. 또한 고대의 인물 유형을 넓게 공략하고 싶다면, 통일 신라의 또 다른 대표적인 인물인 설총까지 함께 파악할 것을 추천합니다.

*통수 대비 키워드란?
저격 키워드 대신 기습적으로 출제될 수 있는 유력 키워드로, 출제 확률이 높을 경우 수록됩니다.

📁 여기서 무조건 나온다! 저격 키워드 기출 선지 싹 모음

선지
최치원은 진성 여왕에게 **시무책 10여 조**를 올렸다. (52, 58, 62, 63, 64, 65, 75회)
최치원은 **격황소서**를 지어 문장가로서 이름을 떨쳤다. (70, 74회)

🎩 통수 조심! 통수 대비 키워드 기출 선지 싹 모음

선지
설총은 국왕에게 조언하는 내용인 **화왕계**를 집필하였다. (51, 63, 65, 70회)
설총은 한자의 음과 훈을 차용한 **이두**를 체계적으로 정리하였다. (52, 57, 62회)

저격키워드
#발해

- ✓ **기구**: 문적원(문서 관리), 주자감(교육 기관), 중정대(감찰 기구)
- ✓ **제도**: 3성 6부제(중앙 행정 제도, 정당성·선조성·중대성 구성), 5경 15부 62주(지방 행정 제도)
- ✓ **외교**: 거란도·영주도·신라도 등을 통해 교류함, 솔빈부의 말이 특산품으로 유명함
- ✓ **문화유산**: 대형 치미, 발해 석등, 연꽃무늬 수막새, 정혜 공주 묘 돌 사자상, 영광탑, 이불병좌상

- ✓ **대조영(초대)**: 동모산에서 발해 건국
- ✓ **2대 무왕(연호 인안)**: 장문휴를 파견하여 당의 등주(산동반도) 공격, 흑수 말갈 정벌
- ✓ **3대 문왕(연호 대흥)**: 중경 현덕부 → 상경 용천부 천도, 3성 6부제 정비, 철리부 등 동북방 말갈 복속
- ✓ **10대 선왕(연호 건흥)**: 5경 15부 62주 정비, 전성기 때 중국으로부터 해동성국으로 불림

해품사 예측 근거

발해는 역대 기출에서 매회 출제된 고대의 대표적인 빈출 국가입니다. 그만큼 출제할 수 있는 키워드가 상당히 많으며, 국가 사실 유형, 대표 왕 업적 유형, 문화유산 유형으로 나누어 공략할 필요가 있습니다. 특히, 직전 회차에서 발해의 대표 왕과 관련된 키워드를 다양하게 제시하였기 때문에, 76회차에서는 국가 관련 전반적 사실 유형을 다시 출제하거나 발해 대표 왕의 업적 유형을 출제할 가능성이 있다고 판단됩니다.

📁 **여기서 무조건 나온다!** 저격 키워드 기출 선지 싹 모음

선지
발해는 솔빈부의 말을 특산물로 거래하였다. (48, 53, 54, 58, 59, 61, 62, 63, 65, 67, 69, 70, 72, 75회)
발해는 유학 교육 기관으로 주자감을 설치하여 인재를 양성하였다. (47, 49, 52, 57, 58, 59, 60, 62, 64, 66, 67, 73, 75회)
발해는 거란도, 영주도, 신라도 등을 통해 주변 국가와 교류하였다. (47, 53, 55, 63, 64, 73, 75회)
발해는 5경 15부 62주의 지방 행정 제도를 갖추었다. (51, 54, 56, 59, 63, 70회)
발해의 왕은 인안, 대흥 등 독자적인 연호를 사용하였다. (53, 65, 73회)
대조영은 고구려 유민을 모아 동모산에서 나라를 세웠다. (61, 63회)
발해 무왕은 장문휴를 보내 등주를 공격하였다. (61회)
발해 문왕은 수도를 상경 용천부로 옮겨 체제를 정비하였다. (63회)
발해 선왕은 5경 15부 62주의 지방 행정 조직을 확립하였다. (63회)

저격키워드

제76회 10번

#궁예

쉽게 나올 경우
- ✓ 국호 · 수도 · 연호: 마진 → 태봉(국호), 송악 → 철원(수도), 무태(연호)
- ✓ 정치 체제: 최고 중앙 관서 광평성 체제 정비

어렵게 나올 경우
- ✓ 출신 및 건국: 신라 왕족 출신 → 승려(법호 선종)로 활동 → 양길 휘하에서 성장 → 송악(개성)에서 후고구려 건국
- ✓ 정치 체제: 미륵불 자처를 통한 전제 권력 강화

통수 대비 키워드 #견훤
- ✓ 출신 및 건국: 상주 가은현 출신 → 완산주(전주)에서 후백제 건국
- ✓ 외교 및 전투: 신라를 습격하여 경애왕 피살, 공산 전투 승리 및 고창 전투 패배, 후당 및 오월에 사신 파견
- ✓ 가족: 신검에 의해 금산사에 유폐됨

→ *통수 대비 키워드란?
저격 키워드 대신 기습적으로 출제될 수 있는 유력 키워드로, 출제 확률이 높을 경우 수록됩니다.

why? 해품사 예측 근거

기존 기출에서는 후삼국 시대와 관련된 유형의 출제 비중이 비교적 높지 않았으나, 최근 제70~75회에서 후삼국 시대와 관련된 인물 업적 유형 또는 흐름형 유형을 연속으로 출제할 정도로 출제 비중이 상당히 높아졌습니다. 특히 최근 제74회 및 제75회에서 후삼국의 통일 과정의 흐름형 유형이 연속으로 출제되었기 때문에, 76회차에는 후삼국과 관련된 특정 인물의 업적 유형을 출제할 가능성이 높다고 예상됩니다. 특히 제74~75회에서 견훤과 관련된 사례를 연속으로 출제하였기 때문에, 궁예를 우선적으로 검토하는 것을 권장합니다.

📁 여기서 무조건 나온다! 저격 키워드 기출 선지 싹 모음

선지
궁예는 **광평성** 등의 정치 기구를 두었다. (47, 50, 52, 55, 57, 59, 60, 64, 65, 66, 67, 70, 72, 73, 74회)
후고구려는 **마진**이라는 국호와 **무태**라는 연호를 사용하고 **철원**으로 천도하였다. (47, 49, 50, 54, 55, 63회)
궁예는 국호를 **태봉**으로 바꾸었다. (53, 58, 70회)
궁예는 **미륵불을 자처**하며 왕권을 강화하였다. (61회)

🎩 통수 조심! 통수 대비 키워드 기출 선지 싹 모음

선지
견훤은 후당 및 오월에 사신을 **파견**하였다. (49, 50, 52, 54, 60, 62, 63, 64, 66, 73회)
견훤은 신라의 금성을 습격하여 **경애왕**을 피살하였다. (50, 55, 61회)
견훤은 공산 전투에서 고려군에 대승을 거두었다. (47, 57회)
견훤은 금산사에 유폐된 후 고려에 귀부하였다. (49회)

저격키워드
#광종

쉽게 나올 경우
- ☑ **정책**: 과거제 실시(후주 출신 쌍기의 건의), 관리 공복 제정, 광덕 및 준풍 연호 사용, 노비안검법 시행

어렵게 나올 경우
- ☑ **문화유산**: 귀법사(균여 주지 임명), 논산 관촉사 석조 미륵보살 입상

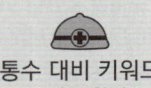
통수 대비 키워드
#태조 왕건
- ☑ **후삼국 통일 관련 역사적 사실**: 개태사 설립, 공산 전투 패배 및 고창 전투 승리
- ☑ **정책**: 기인 제도, 사심관 제도, 사성 정책(왕씨 성 하사), 역분전 지급, 천수 연호 사용, 흑창 설치, 발해 유민 포용 → 이후 거란을 적대시하며 만부교 사건 주도
- ☑ **기타**: 『정계』 및 『계백료서』, 훈요 10조

해품사 예측 근거

고려 전기 왕 업적 유형은 고려 시대의 대표적인 빈출 유형으로, 주로 태조 왕건, 광종, 성종의 왕 업적 유형을 출제하거나, 고려 전기에 재위한 왕의 업적을 흐름 유형으로 출제합니다. 특히 직전 회차에 이미 고려 성종이 출제되었기 때문에 76회차에 고려의 왕건 또는 광종의 왕 업적 유형이 출제될 가능성이 높을 것으로 예상됩니다.

→ *통수 대비 키워드란?*
저격 키워드 대신 기습적으로 출제될 수 있는 유력 키워드로, 출제 확률이 높을 경우 수록됩니다.

📁 여기서 무조건 나온다! 저격 키워드 기출 선지 싹 모음

선지
광종은 쌍기의 건의로 과거제를 시행하였다. (48, 49, 51, 52, 53, 57, 58, 61, 66, 67, 69, 71회)
광종은 광덕, 준풍 등의 독자적 연호를 사용하였다. (58, 62, 63, 65, 68, 70, 72, 73, 74, 75회)
광종은 노비안검법을 시행하여 국가 재정을 확충하였다. (47, 49, 50, 53, 54, 59, 60, 61, 69회)

통수 조심! 통수 대비 키워드 기출 선지 싹 모음

선지
왕건 때 빈민 구제 기관인 흑창이 처음 설치되었다. (49, 54, 59, 60, 61, 62, 64, 67, 68, 69, 74회)
왕건 때 정계와 계백료서를 지어 관리의 규범을 제시하였다. (53, 54, 55, 58, 63, 64, 66, 70, 72, 73, 75회)
왕건은 개국 공신에게 역분전을 지급하였다. (50, 53, 65, 72회)
왕건은 기인 제도와 사심관 제도를 시행하였다. (67, 69회)
왕건은 후대 왕들이 지켜야 할 정책 방향을 담은 훈요 10조를 남겼다. (67, 69회)

저격키워드
#무신 정권

제76회 12번

해품사 예측 근거

무신 정권 유형은 고려 시대의 대표적인 정치 파트 관련 빈출 유형으로, 무신 정권과 관련된 전반적인 사실 유형 또는 인물 유형을 중심으로 출제합니다. 특히 사실 유형을 출제할 경우 무신 정권 시기에 발생한 반란 사례를 주요 키워드로 제시하므로, 집권자별로 각 시기에 발생한 대표 반란 사례를 구별하는 것이 중요합니다.

 **쉽게 나올 경우**
- 이의방과 정중부: 무신 정변 주도
- 최충헌: 교정도감 설치(교정별감의 자리에 오름), 명종에게 봉사 10조 건의
- 최우: 강화 천도 단행(대몽 항쟁), 정방 설치, 서방 설치, 야별초 조직(삼별초의 기원)

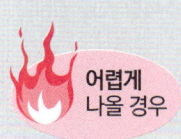 **어렵게 나올 경우**
- 무신 정권 시기의 대표 반란 흐름: 이의방 정권(김보당의 난과 조위총의 난) → 정중부 정권(망이·망소이의 난) → 이의민 정권(김사미·효심의 난) → 최충헌 정권(만적의 난과 최광수의 난) → 최우(이연년 형제의 난) → 무신 정권 종결 이후(삼별초의 항쟁)

📂 여기서 무조건 나온다! 저격 키워드 기출 선지 싹 모음

선지
정중부 정권 때 **망이·망소이의 난** 등 하층민의 봉기가 발생하였다. (55, 59, 60, 62, 64, 66, 67, 68, 69, 71, 73회)
최충헌은 봉사 10조를 국왕에게 올렸다. (49, 51, 52, 56, 57, 59, 64, 66, 71, 72, 73회)
최충헌 정권 때 국정을 총괄하는 기구로 **교정도감**이 설치되었다. (50, 51, 55, 59, 60, 62, 67, 69, 72, 75회)
최충헌 정권 때 **만적**이 개경에서 노비를 모아 반란을 모의하였다. (47, 49, 55, 59, 61, 62, 70, 71, 73회)
이의방 정권 때 **김보당**이 의종 복위를 주장하며 난을 일으켰다. (52, 56, 60, 61, 64, 66, 69, 72회)
이의방 정권 때 서경유수 **조위총**이 정중부 타도를 주장하며 반란을 일으켰다. (61, 64, 67, 70회)
최우는 인사 행정 담당 기구로 **정방**을 설치하였다. (49, 51, 63, 64회)

저격키워드
#여진

 쉽게 나올 경우	✓ **여진 정벌**: 윤관의 건의로 별무반 조직(숙종-신기군, 신보군, 항마군 구성) → 여진 정벌 및 동북 9성 축조와 반환(예종) ✓ **금나라**: 예종 때 여진의 금나라 건국 → 인종 때 이자겸이 금의 사대 요구 수용 → 묘청과 정지상 등이 서경 천도 운동 주도 및 금국 정벌 주장
 어렵게 나올 경우	고려의 외세 방어 흐름 연계 ✓ 거란 → 여진 → 몽골 → 홍건적·왜구
 통수 대비 키워드 #거란	✓ **침략 이전**: 왕건(만부교 사건 주도) → 정종(광군 조직) ✓ **제1차 침략(성종)**: 서희와 소손녕의 외교 담판 → 강동 6주 획득 ✓ **제2차 침략(현종)**: 강조의 정변을 명분으로 고려 침략 → 현종의 나주 피란 → 양규의 거란군 방어 ✓ **제3차 침략(현종)**: 소배압의 10만 대군 → 강감찬의 귀주 대첩 ✓ **기타 관련 사실**: 나성 및 천리장성 축조, 『초조대장경』 간행

 **why?** 해품사 예측 근거

고려의 외세 방어 유형은 고려 시대의 대표적인 외교 관련 빈출 유형으로, 특정 외세에 대한 대응 사례와 관련된 사실형 유형을 출제하거나, 전반적인 외세 방어와 관련된 흐름형 유형을 출제합니다. 특히 최근 회차에 몽골 및 왜구에 대한 고려의 대응 유형이 출제되었으므로, 76회차의 경우 거란 또는 여진에 대한 고려의 대응 유형에 주목할 것을 권장합니다.

→ ***통수 대비 키워드란?***
저격 키워드 대신 기습적으로 출제될 수 있는 유력 키워드로, 출제 확률이 높을 경우 수록됩니다.

📂 여기서 무조건 나온다! 저격 키워드 기출 선지 싹 모음

선지
윤관을 보내 여진을 정벌한 뒤 동북 9성을 개척하였다. (47, 49, 53, 54, 56, 58, 61, 65, 66, 69, 72, 73, 74, 75회)
여진에 대응하기 위해 신기군, 신보군, 항마군으로 구성된 별무반을 창설하였다. (47, 48, 51, 52, 55, 56, 60, 63, 68, 70, 71, 73, 75회)

⛑ 통수 조심! 통수 대비 키워드 기출 선지 싹 모음

선지
고려는 광군을 조직하여 거란의 침입에 대비하였다. (48, 49, 50, 53, 58, 62, 63, 64, 65, 67, 69, 71, 72, 73회)
서희의 활약으로 강동 6주를 획득하였다. (52, 58, 59, 60, 61, 64, 65, 67, 70, 74, 75회)
강조가 정변을 일으켜 김치양을 제거하였다. (49, 51, 55, 59, 61, 62, 66, 69, 70, 72회)
양규가 무로대에서 적군을 물리쳤다. (66, 70회)
강감찬이 귀주에서 대승을 거두었다. (52, 64회)

저격키워드
#원 간섭기의 사회상

쉽게 나올 경우
- ✓ **영토 상실**: 쌍성총관부 설치(화주=함경남도 영흥)
- ✓ **원나라의 간섭**: 변발 및 호복 유행, 정동행성 설치
- ✓ **대표 인물**: 김방경(삼별초의 난 진압, 원과 함께 일본 원정 지휘)
- ✓ **기타**: 『농상집요』

어렵게 나올 경우
- ✓ **영토 상실**: 동녕부(평양) 및 탐라총관부(제주도) 설치
- ✓ **원나라의 간섭**: 중서문하성 및 상서성을 첨의부로 병합, 결혼도감 설치(공녀 징발), 권문세족의 도평의사사를 통한 권력 장악(예 기철)
- ✓ **대표 인물**: 제국 대장 공주(충렬왕과 혼인)

해품사 예측 근거

원 간섭기의 사회상 유형은 고려 시대의 대표적인 빈출 사회 파트로, 한능검 급수 체계 개편 이후 1년에 최소 1~2번은 무조건 출제될 정도로 자주 언급되는 주제입니다. 이 유형은 원 간섭기 이전의 역사적 사실과 혼동하지 않도록 관련 키워드를 정확히 암기하는 것이 중요합니다.

📁 **여기서 무조건 나온다!** 저격 키워드 기출 선지 싹 모음

선지
원 간섭기에는 일본 원정을 위해 정동행성을 설치하였다. (49, 54, 60, 61, 67, 68, 70, 73회)
원 간섭기에는 지배층을 중심으로 변발과 호복이 유행하였다. (59, 62, 68, 69, 70회)
원 간섭기에는 중국 화북 지방의 농법을 소개한 농서인 농상집요가 소개되었다. (50, 53, 74회)
원 간섭기에는 권문세족이 도평의사사를 장악하였다. (47, 72회)
원 간섭기에는 공녀를 보내기 위해 결혼도감을 설치하였다. (59회)
원 간섭기에는 중서문하성과 상서성이 첨의부로 개편되었다. (50회)

#고려의 경제 상황

- **화폐**: 건원중보(성종), 해동통보(숙종), 활구(숙종)
- **무역항**: 예성강 하구 벽란도(개경 인근에 위치)
- **시장 감독 기구**: 경시서

- **기구**: 주전도감(해동통보 발행)
- **상점**: 서적점, 다점 등의 관영 상점
- **토지 제도**: 전시과(전지 및 시지 지급)

 해품사 예측 근거

고려의 경제 상황 유형은 거의 매 회차 출제되는 경제 파트의 대표적인 빈출 유형입니다. 특히 이 유형은 반복되는 정답 키워드만 암기하더라도 매우 쉽게 풀이할 수 있기 때문에 점수 확보를 위해 반드시 공략할 필요가 있습니다.

 여기서 무조건 나온다! 저격 키워드 기출 선지 싹 모음

선지
고려 시대에는 예성강 하구의 벽란도가 국제 무역항으로 번성하였다. (49, 50, 51, 53, 56, 58, 62, 63, 64, 66, 70, 71, 73, 74, 75회)
고려 시대에는 주전도감을 설치하여 해동통보를 발행하였다. (50, 53, 54, 59, 60, 61, 62, 64, 65, 66, 67, 69, 72, 73, 74회)
고려 시대에는 활구라고 불리는 은병이 유통되었다. (47, 49, 51, 53, 55, 58, 59, 61, 63, 65, 66, 72회)
고려 시대에는 경시서의 관리들이 시전의 상행위를 감독하였다. (49, 53, 57, 59, 60, 61, 64, 66, 70, 75회)
고려 시대에는 금속 화폐인 건원중보를 주조하였다. (48, 53, 56, 59, 62, 63, 72, 75회)
고려 시대에는 서적점, 다점 등의 관영 상점을 운영하였다. (63, 66, 69, 72회)
고려 시대에는 관리에게 전지와 시지를 지급하였다. (53, 63회)

제76회 16번 저격키워드

#공민왕

쉽게 나올 경우
- ✓ **반원 정책**: 변발 및 호복 폐지, 쌍성총관부 공격(철령 이북 땅 수복), 중앙 관제 복구, 정동행성 이문소 폐지
- ✓ **왕권 강화**: 전민변정도감 설치(신돈 주도), 정방 폐지

어렵게 나올 경우
- ✓ **반원 정책**: 기철 등 친원 세력 숙청
- ✓ **기타**: 노국 대장 공주(왕비), 천산대렵도(그림)

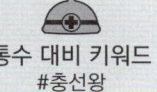
통수 대비 키워드
#충선왕
- ✓ **충선왕**: 만권당 건립(이제현이 원나라의 유학자들과 교류함-이제현은 『사략』 및 『역옹패설』 등 저술)

해품사 예측 근거

공민왕은 고려 후기의 대표적인 빈출 왕으로, 사실상 고려 후기의 왕 중 유일하게 왕 업적 유형으로 자주 출제되기 때문에 반드시 공략할 필요가 있습니다. 실제로 공민왕은 한능검에서 1년에 한 번 정도는 언급되는 편이므로, 주요 업적 키워드 위주로 공략하는 것을 권장합니다.

→ *통수 대비 키워드란?
저격 키워드 대신 기습적으로 출제될 수 있는 유력 키워드로, 출제 확률이 높을 경우 수록됩니다.

📁 여기서 무조건 나온다! 저격 키워드 기출 선지 싹 모음

선지
공민왕 때 신돈을 중심으로 전민변정도감이 설치되었다. (50, 51, 53, 54, 57, 59, 60, 62, 64, 66, 67, 68, 71, 73, 75회)
공민왕 때 유인우, 이자춘 등이 쌍성총관부를 수복하였다. (50, 53, 55, 63, 64회)
공민왕 때 인사 행정을 담당하던 정방을 폐지하였다. (56, 67회)

⛑ 통수 조심! 통수 대비 키워드 기출 선지 싹 모음

선지
충선왕이 설치한 만권당에서 이제현이 원의 유학자들과 교류하였다. (50, 51, 52, 53, 57, 59, 63, 65, 66, 67, 71, 72, 75회)

저격키워드
#삼국사기

제76회 17번

쉽게 나올 경우	☑ 저자: 김부식 ☑ 특징: 인종의 명을 받아 편찬, 기전체 형식으로 서술(예 본기, 열전, 지, 연표 등)	
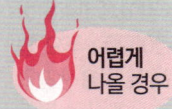어렵게 나올 경우	☑ 특징: 유교 사관 반영	
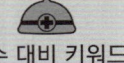통수 대비 키워드 #삼국유사	☑ 저자: 일연 ☑ 특징: 고조선 역사 서술, 기사본말체 형식으로 서술, 불교사를 비롯한 민간 설화 수록(예 기이편)	

why? 해품사 예측 근거

최근 한능검에서 고려 시대의 기록 유산을 활용한 유형을 출제하는 비중이 늘어났습니다. 대표적으로 제73회에서 「제왕운기」, 제75회에서 「직지심체요절」 등을 언급한 사례가 있습니다. 또한 최근 고려 시대의 문화유산 유형의 출제 비중이 늘어났기 때문에, 기록 유산의 사례도 함께 복습하는 것을 권장합니다.

➡ *통수 대비 키워드란?
저격 키워드 대신 기습적으로 출제될 수 있는 유력 키워드로, 출제 확률이 높을 경우 수록됩니다.

📁 여기서 무조건 나온다! 저격 키워드 기출 선지 싹 모음

선지
삼국사기는 유교 사관에 입각하여 기전체 형식으로 구성되었다. (50, 51, 54, 55, 66, 73회)
김부식은 왕명에 의해 삼국사기를 편찬하였다. (64, 68회)

⛑ 통수 조심! 통수 대비 키워드 기출 선지 싹 모음

선지
삼국유사는 단군의 고조선 건국 이야기를 수록하였다. (47, 50, 51, 54, 58, 59, 66, 73회)
삼국유사는 불교사를 중심으로 고대의 민간 설화를 수록하였다. (48, 51, 55, 65 66, 67, 73회)

저격키워드
#고려의 문화유산

해품사 예측 근거

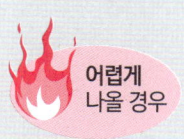

쉽게 나올 경우
- **건축물**: 영주 부석사 무량수전(영주 부석사 소조 여래 좌상 봉안), 안동 봉정사 극락전(현존하는 가장 오래된 목조 건축물), 예산 수덕사 대웅전(건립 연도를 정확히 알 수 있는 고려 시대의 목조 건축물)
- **불상**: 논산 관촉사 석조 미륵보살 입상('은진 미륵'으로도 불림), 안동 이천동 마애 여래 입상, 파주 용미리 마애 이불 입상
- **탑**: 평창 월정사 팔각 구층 석탑(고려 전기), 개성 경천사지 십층 석탑(원 간섭기)

어렵게 나올 경우
- **불상**: 영주 부석사 소조 여래 좌상(통일 신라 불상 양식 계승), 하남 하사창동 철조 석가여래 좌상(철불)
- **기타 문화유산**: 수월관음도, 나전 국화 넝쿨무늬 합, 상감 청자(고려청자), 청동 은입사 포류수금문 정병

최근 기출에서는 고려 시대의 문화유산을 종합적으로 파악하는 유형의 출제 비중이 상당히 늘어났습니다. 특히 이 유형의 경우 다른 시대의 문화유산 유형과 달리 주로 옳지 않은 것을 묻는 방식으로 출제하기 때문에 고려 시대의 문화유산을 종합적으로 암기하는 것이 중요합니다.

📁 **여기서 무조건 나온다!** 저격 키워드 기출 선지 싹 모음

영주 부석사 소조 여래 좌상	영주 부석사 무량수전

해품사 암기팁! 황금색이 앉아 있는 불상 기억!	**해품사 암기팁!** 끝이 솟아오른 지붕 기억!

저격키워드
#태종

쉽게 나올 경우
- ✓ **정책**: 두 차례 왕자의 난으로 즉위, 문하부 낭사를 사간원으로 독립시킴, 6조 직계제 최초 시행(6조 의결 사항을 직접 왕에게 보고)
- ✓ **문화유산**: 주자소 설치(활자 주조 기구) → 계미자 주조

어렵게 나올 경우
- ✓ **정책**: 사병 혁파, 신문고 설치, 호패법 실시, 전국 8도 정비
- ✓ **문화유산**: 혼일강리역대국도지도(세계 지도) 제작
- ✓ **관련 인물**: 하륜

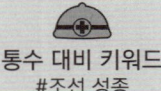
통수 대비 키워드
#조선 성종
- ✓ **기록유산**: 『경국대전』(법전), 『국조오례의』(예법서), 『동국통감』(역사서, 고조선~고려 후기 역사 서술), 『동문선』(시문집), 『악학궤범』(음악), 『동국여지승람』(지리서)
- ✓ **정책**: 관수관급제 실시, 홍문관 설치(경연 담당, 집현전 계승)

 **해품사 예측 근거**

조선 전기 왕 업적 유형은 조선 시대의 대표적인 빈출 유형으로, 크게 태종(이방원), 세종, 세조(수양 대군), 성종의 업적 유형을 출제합니다. 특히 조선 전기의 왕 업적 유형은 가급적 직전 회차에 출제되지 않은 왕에 주목하여 접근하는 것을 권장합니다.

➤ *통수 대비 키워드란?
저격 키워드 대신 기습적으로 출제될 수 있는 유력 키워드로, 출제 확률이 높을 경우 수록됩니다.

📁 여기서 무조건 나온다! 저격 키워드 기출 선지 싹 모음

선지
태종 때 세계 지도인 **혼일강리역대국도지도**가 제작되었다. (49, 62, 63, 68, 69, 74회)
태종 때 **주자소**를 설치하여 **계미자**를 주조하였다. (51, 53, 54, 59, 61, 63, 65, 68, 72회)
태종 때 왕권 강화를 위해 **6조 직계제**를 시행하였다. (56, 57, 59, 69, 70회)
태종 때 **문하부**를 폐지하고 **낭사를 사간원으로 독립**시켰다. (52, 65, 70회)

⛑ 통수 조심! 통수 대비 키워드 기출 선지 싹 모음

선지
조선 성종 때 국가의 기본 법전인 **경국대전**이 완성되었다. (47, 50, 51, 52, 53, 54, 55, 59, 60, 62, 66, 68, 70, 71, 72회)
조선 성종 때 음악 이론 등을 집대성한 **악학궤범**이 완성되었다. (49, 55, 57, 59, 66, 69, 73회)
조선 성종 때 국가의 의례를 정비한 **국조오례의**가 완성되었다. (55, 58, 63, 64, 70, 74회)
조선 성종 때 전국의 지리, 풍속 등이 수록된 **동국여지승람**이 편찬되었다. (61, 68회)

저격키워드

제76회 20번

#승정원

쉽게 나올 경우
- ✓ **역할 및 특징**: 은대(별칭), 왕의 비서 기관 역할 담당, 왕명 출납 담당

어렵게 나올 경우
- ✓ **대표 직책**: 승지(대표 직책)

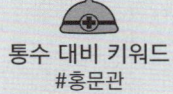
통수 대비 키워드 #홍문관
- ✓ **대표 직책**: 대제학 및 부제학
- ✓ **역할 및 특징**: 경연 관장, 옥당 및 옥서(별칭), 집현전 계승, 사헌부 및 사간원과 함께 3사(언론 기구)로 불림

 **해품사 예측 근거**

고려 시대 또는 조선 시대의 중앙 정치 제도 또는 지방 행정 제도는 매년 한 번씩은 꾸준히 출제되는 유형입니다. 특히 올해 제74~75회에서 중앙 정치 제도와 관련된 유형이 연속으로 출제되었습니다. 또한 고려 시대보다는 비교적 조선 시대의 중앙 정치 제도 유형의 출제 비중이 높기 때문에 76회차에 한 번 더 출제될 가능성이 있습니다.

*통수 대비 키워드란?
저격 키워드 대신 기습적으로 출제될 수 있는 유력 키워드로, 출제 확률이 높을 경우 수록됩니다.

📁 여기서 무조건 나온다! 저격 키워드 기출 선지 싹 모음

선지
승정원은 왕명 출납을 담당한 왕의 비서 기관이다. (54, 56, 60, 62, 68, 69회)
승정원은 은대라고도 불렸다. (49, 55, 59, 61, 72회)
승정원은 도승지를 수장으로 좌승지, 우승지 등의 관직을 두었다. (71회)

⛑ 통수 조심! 통수 대비 키워드 기출 선지 싹 모음

선지
홍문관은 사헌부, 사간원과 함께 3사로 불렸다. (48, 53, 54, 56, 58, 59, 60, 62, 63회)
홍문관은 옥당이라고 불린 학술 기관으로 경연을 관장하였다. (60, 64회)
홍문관은 집현전의 학문 연구 기능을 계승하였다. (49회)

저격키워드
#갑자사화

쉽게 나올 경우
- ☑ **배경**: 연산군의 어머니인 폐비 윤씨 사사 사건
- ☑ **전개 및 결과**: 폐비 윤씨 사사 사건과 관련된 훈구파 및 사림파 세력을 대거 처형 → 중종반정 발생 → 중종(진성 대군) 즉위 및 연산군 폐위

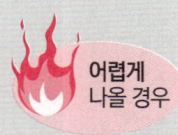
어렵게 나올 경우
- 조선 시대 사화의 흐름 암기
- ☑ **흐름**: 무오사화(연산군) → 갑자사화(연산군) → 기묘사화(중종) → 을사사화(명종)

 **why?** 해품사 예측 근거

조선 시대의 사화와 관련된 사실 또는 인물 유형은 2024년 및 2025년 역대 기출에서 단 한 회차를 제외하고 다양한 방식으로 응용되어 출제될 정도로 상당히 출제 비중이 높은 조선 시대의 빈출 주제입니다. 특히 76회차에 사화 유형을 출제할 경우 직전 회차에 출제된 사화인 기묘사화와 을사사화를 다른 방식으로 응용하여 다시 출제하거나, 그동안 출제하지 않았던 갑자사화를 출제할 수 있다고 예상됩니다.

📁 **여기서 무조건 나온다!** 저격 키워드 기출 선지 싹 모음

선지
무오사화 때 **김종직의 조의제문**이 발단이 되어 **김일손** 등이 화를 입었다. (49, 50, 51, 52, 54, 57, 60, 61, 64, 69, 71회)
왕실 외척 간의 권력 다툼의 결과 **을사사화**가 발생하여 **윤임**이 제거되었다. (47, 49, 52, 57, 59, 61, 62, 65, 66, 71, 75회)
폐비 윤씨 사사 사건을 빌미로 **갑자사화**가 발생하였다. (52, 59, 62, 65, 66, 68, 71, 73, 75회)
중종반정의 결과 **진성 대군**이 왕으로 즉위하였다. (47, 61, 71회)

저격키워드
#병자호란

쉽게 나올 경우
- 관련 장소: 남한산성
- 대표 인물: 김준룡(광교산 전투), 임경업(백마산성 항전)

어렵게 나올 경우
- 대표 인물: 김상용(신주를 들고 강화도에서 순절), 홍명구(김화 전투)
- 병자호란의 전개 과정: 후금의 청나라 건국 및 조선에 군신 관계 체결 요구 → 조선 조정 내에 주전론(청나라와의 전쟁 주장, 김상헌·윤집 등) vs 주화론(청나라와의 화의 주장, 최명길 등) → 청나라의 조선 침략 및 항전 발생(예 백마산성 전투) → 인조의 남한산성 피신 및 항전 → 조선의 항복 및 삼전도의 굴욕 발생(삼궤구고두례) → 소현 세자, 봉림 대군 등 왕족 및 백성들이 청에 인질로 끌려감

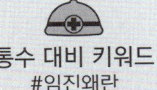
통수 대비 키워드
#임진왜란
- 관료 및 장수: 송상현(동래성 전투), 신립(탄금대 전투), 이일(상주 전투), 정발(부산진 전투), 이순신(옥포 해전, 한산도 대첩), 김시민(진주 대첩), 권율(행주 대첩)
- 의병장: 조헌·고경명(금산 전투), 곽재우(경상남도 의령, 홍의 장군), 유정(사명 대사), 정문부(북관 대첩)

why? 해품사 예측 근거

임진왜란 및 병자호란은 조선 시대의 대표적인 빈출 전투 사례입니다. 실제로 최근 시행된 2024~2025년 기출의 모든 회차에서 임진왜란 또는 병자호란과 관련된 사실을 활용한 유형이 출제되었습니다. 특히 두 전투의 경우 크게 사실형 유형과 흐름형 유형으로 나누어 출제할 수 있으며, 최근 기출 경향을 고려할 때 임진왜란 사실 유형 또는 병자호란 흐름형 유형에 주목하는 것을 권장합니다.

*통수 대비 키워드란?
저격 키워드 대신 기습적으로 출제될 수 있는 유력 키워드로, 출제 확률이 높을 경우 수록됩니다.

📁 여기서 무조건 나온다! 저격 키워드 기출 선지 싹 모음

선지
병자호란 때 김준룡이 광교산 전투에서 승리하였다. (48, 57, 65, 72, 73, 75회)
병자호란 때 김상용이 강화도에서 순절하였다. (47, 60, 64, 66회)
병자호란 때 임경업이 백마산성에서 적의 침입에 대비하였다. (54, 60, 61회)
병자호란 때 왕이 도성을 떠나 남한산성으로 피란하였다. (70, 73회)

⛑ 통수 조심! 통수 대비 키워드 기출 선지 싹 모음

선지
임진왜란 때 권율이 행주산성에서 적군을 격퇴하였다. (53, 54, 55, 58, 67, 73회)
임진왜란 때 신립이 탄금대에서 배수의 진을 치고 전투를 벌였다. (51, 62, 67, 70, 72, 73회)
임진왜란 때 김시민이 진주성에서 적군을 크게 물리쳤다. (47, 55, 61, 66회)
임진왜란 때 송상현이 동래성에서 항전하였다. (55, 64, 67, 75회)

저격키워드
#정조

쉽게 나올 경우
- ☑ **가족**: 사도 세자(아버지), 혜경궁 홍씨(어머니)
- ☑ **정책**: 신해통공(육의전을 제외한 시전 상인의 금난전권 철폐), 장용영, 초계문신제
- ☑ **기록 유산**: 『대전통편』(법전), 『무예도보통지』(무예 훈련 교범)
- ☑ **문화유산**: 수원 화성

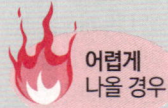
어렵게 나올 경우
- ☑ **기록 유산**: 『고금도서집성』 수입(중국의 백과사전), 『동문휘고』(외교 문서집)
- ☑ **문화유산**: 규장각(학술 연구 기관, 박제가·유득공 등 서얼 출신 인사 검서관 기용), 배다리

통수 대비 키워드
#영조
- ☑ **정책**: 균역법(군포 2필 → 1필 경감), 신문고 부활, 청계천 준설(준천사 담당), 탕평책 실시 및 탕평비 건립
- ☑ **기록 유산**: 『동국문헌비고』(문물 백과사전), 『속대전』(법전)
- ☑ **사건**: 이인좌의 난

why? 해품사 예측 근거

조선 후기 왕 업적 키워드는 조선 전기 왕 업적 키워드와 더불어 조선 시대의 대표적인 빈출 주제입니다. 이 유형은 대체로 영조와 정조를 중심으로 출제하기 때문에, 각 왕의 대표 업적 또는 관련 사건을 암기하는 것이 중요합니다.

↪ *통수 대비 키워드란?
저격 키워드 대신 기습적으로 출제될 수 있는 유력 키워드로, 출제 확률이 높을 경우 수록됩니다.

📁 **여기서 무조건 나온다!** 저격 키워드 기출 선지 싹 모음

선지
정조 때 **초계문신제**를 시행하여 문신을 재교육하였다. (50, 51, 52, 54, 55, 56, 57, 58, 63, 64, 66, 67, 68, 69, 70, 71, 72, 74, 75회)
정조 때 시전 상인의 특권을 축소하는 **신해통공**을 단행하였다. (48, 50, 53, 55, 56, 57, 58, 60, 61, 62, 65, 66, 69, 70, 71, 73, 75회)
정조 때 국왕의 친위 부대인 **장용영**이 창설되었다. (47, 48, 51, 52, 53, 54, 55, 57, 58, 59, 63, 68, 70, 71, 73회)
정조 때 **서얼 출신의 학자들이 검서관으로 기용**되었다. (48, 49, 58, 59, 62, 63, 65, 66, 72회)
정조 때 통치 체제를 정비하기 위해 **대전통편**을 간행하였다. (48, 55, 62, 71회)

⛑ **통수 조심!** 통수 대비 키워드 기출 선지 싹 모음

선지
영조 때 붕당의 폐해를 경계하기 위한 **탕평비**가 건립되었다. (47, 49, 52, 53, 54, 55, 56, 57, 62, 65, 67, 69, 70, 72, 74, 75회)
영조 때 속대전을 편찬하여 통치 체제를 정비하였다. (47, 54, 58, 61, 63, 65, 66, 70, 72회)
영조 때 역대 문물 제도를 정리한 **동국문헌비고**를 편찬하였다. (49, 50, 52, 54, 59, 64, 66, 69, 73회)
영조 때 군역의 부담을 줄여주기 위해 **균역법**을 시행하였다. (50, 51, 53, 56, 61, 68회)

저격키워드 #대동법

쉽게 나올 경우
- ✓ **배경**: 방납(공납)의 폐단 → 이원익 등의 건의로 경기도 지역에 한하여 처음 시행
- ✓ **특징**: 기존의 특산물을 쌀, 베, 동전 등으로 대신 납부
- ✓ **영향**: 공인의 출현 계기 → 기존의 공납제로 충당하던 관부 필요 물품을 대신 담당

어렵게 나올 경우
- ✓ **특징**: 선혜청에서 대동세 수취 담당
- ✓ **영향**: 평안도 및 함경도 등을 제외하고 전국 시행

why? 해품사 예측 근거

조선 후기의 조세 개혁 유형은 최근 1년에 한 번 정도는 출제될 정도로 출제 비중이 높아진 조선 시대의 대표적인 파트입니다. 특히 대동법은 조선 후기 사회상 유형과 연계하여 출제할 수도 있으며, 제73회에서 이미 균역법이 출제되었으므로 76회차에서는 조세 개혁 사례 중에서도 비교적 출제율이 높은 대동법에 주목하는 것을 권장합니다.

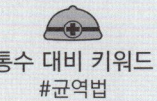
통수 대비 키워드 #균역법
- ✓ **배경**: 군역의 부담 완화, 군포 징수로 인한 폐단 극복(예 백골징포, 황구첨정, 인징, 족징 등)
- ✓ **특징**: 기존에 납부하던 군포를 2필에서 1필로 감필
- ✓ **조세 보충 방안**: 어장세, 선박세, 염전세 등 국가 재정 귀속, 부유한 양민에게 선무군관포 부과, 지주에게 토지 1결당 2두의 결작세 부과

*통수 대비 키워드란?
저격 키워드 대신 기습적으로 출제될 수 있는 유력 키워드로, 출제 확률이 높을 경우 수록됩니다.

📁 여기서 무조건 나온다! 저격 키워드 기출 선지 싹 모음

선지
대동법의 시행은 관청에 물품을 조달하는 **공인이 등장**하는 배경이 되었다. (57, 69, 70, 72회)
대동법 시행 이후 **특산물 대신 쌀, 베, 동전** 등으로 납부하게 하였다. (49, 69, 73회)
대동법 시행 이후 **선혜청**에서 관련 업무를 담당하였다. (70회)

🎖 통수 조심! 통수 대비 키워드 기출 선지 싹 모음

선지
균역법 시행으로 부족해진 재정 보충을 위해 **선무군관포**를 징수하였다. (49, 54, 69, 72회)
균역법은 재정을 보충하기 위해 **토지 1결당 쌀 2두의 결작**을 부과하였다. (57, 70, 71, 72회)
균역법 시행 이후 **어장세, 선박세** 등이 국가 재정으로 귀속되는 결과를 가져왔다. (47, 57, 70회)

저격키워드
#조선 후기의 사회상

- ✓ **경제**: 구황 작물 전래(예 감자·고구마), 상품 작물 재배(예 고추·담배 등), 공인의 활동, 다양한 상인의 등장(예 내상·만상·송상 등), 설점수세제 시행 → 덕대의 광산 운영, 초량 왜관 설치, 장시 활성화
- ✓ **문화**: 민화 유행, 중인들의 시사(詩社) 조직, 탈춤 및 판소리 유행, 한글 소설 유행(예 「춘향전」, 「홍길동전」), 전기수(직업 이야기꾼)의 활동

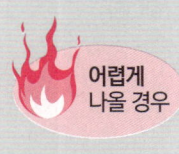
- ✓ **경제**: 일본 및 청나라와 개시 무역(공무역) 및 후시 무역(밀무역) 성행, 상평통보 발행
- ✓ **문화**: 사설시조 유행, 진경 산수화 및 청화 백자 유행

 해품사 예측 근거

조선 후기의 사회상 유형은 출제 빈도가 매우 높은 조선 시대의 대표 빈출 유형입니다. 실제로 이 유형은 반복되는 키워드가 매우 고정적이나, 암기해야 할 키워드가 상당히 많기 때문에 다양하게 응용되며 자주 출제되는 경향이 있습니다.

 여기서 무조건 나온다! 저격 키워드 기출 선지 싹 모음

선지
조선 후기에는 광산을 전문적으로 경영하는 덕대가 나타났다. (47, 48, 49, 50, 51, 53, 54, 56, 57, 59, 60, 62, 65, 66, 68, 69, 70, 72, 75회)
조선 후기에는 담배, 면화 등의 상품 작물을 널리 재배하였다. (47, 49, 50, 51, 52, 53, 54, 56, 57, 59, 61, 63, 64, 65, 67, 70, 71, 72회)
조선 후기에는 중인이 시사(詩社)를 조직하여 활동하였다. (47, 49, 53, 54, 57, 60, 65, 67, 73, 74회)
조선 후기에는 감자, 고구마 등의 구황 작물이 재배되었다. (49, 55, 56, 60, 64, 66, 69, 70, 71회)
조선 후기에는 상평통보가 발행되어 법화로 사용되었다. (47, 63, 64, 66, 67, 70, 73, 74, 75회)
조선 후기에는 장시에서 탈춤 및 판소리 등의 공연이 이루어졌다. (50, 53, 57, 62, 64, 65, 67, 73, 74회)
조선 후기에는 초량 왜관을 통해 일본과 교역하였다. (49, 51, 54, 60, 61, 65, 66, 74회)
조선 후기에는 춘향전, 홍길동전 등의 한글 소설이 유행하였다. (50, 57, 62, 64, 71, 73, 74, 75회)

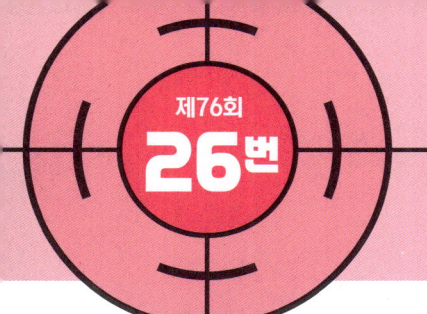

저격키워드
#조선과 일본의 외교

- 조선 전기: 염포·제포·부산포 개항 → 계해약조 체결
- 조선 후기: 초량 왜관 설치, 통신사 파견(한양에서 에도로 이동, 동아시아의 문물 교류 역할 담당, 관련 기록물 세계 기록 유산 등재)

- 조선 전기: 동평관 설치
- 조선 후기: 기유약조 체결

통수 대비 키워드
#조선과 청나라의 외교
- 교류: 백두산정계비 건립, 연행사 파견(연행록)
- 대립: 병자호란 발생 → 효종의 북벌 추진 및 어영청 강화, 나선 정벌에 조총 부대 파견

해품사 예측 근거

최근 한능검에서 조선 시대의 유형 중 조선과 동아시아 국가의 외교 사례를 활용하여 문제를 출제하는 비중이 늘어났습니다. 실제로 올해에도 제73회에서 명나라에 대한 조선의 대응, 제75회에서 여진에 대한 조선의 대응 유형을 출제하였기 때문에, 76회차에는 다른 국가와의 외교 사례에 주목하는 것을 권장합니다.

*통수 대비 키워드란?
저격 키워드 대신 기습적으로 출제될 수 있는 유력 키워드로, 출제 확률이 높을 경우 수록됩니다.

📁 여기서 무조건 나온다! 저격 키워드 기출 선지 싹 모음

선지
일본의 사신 접대를 위해 한성에 **동평관**을 설치하였다. (50, 55, 56, 58, 59, 63, , 73회, 75회)
일본의 에도 막부의 요청에 따라 **통신사**를 파견하여 조선의 문물을 전파하였다. (51, 53, 55, 56, 67, 68회)

⛑ 통수 조심! 통수 대비 키워드 기출 선지 싹 모음

선지
조선은 **청나라의 나선 정벌**에 **조총 부대**를 **파견**하였다. (47, 48, 49, 50, 51, 52, 53, 54, 55, 57, 58, 60, 63, 64, 65, 68, 70, 71, 72, 74회)
조선은 **백두산정계비**를 세워 **청과의 국경**을 정하였다. (47, 52, 53, 57, 58, 65, 66, 70, 72회)
연행사는 청에 다녀와 **연행록**을 남겼다. (56, 62, 72회)

저격키워드
#경복궁

쉽게 나올 경우
- ☑ **별칭**: 북궐
- ☑ **부속 건물**: 근정전(정전), 경회루(연회 장소)
- ☑ **역사적 사실**: 태조 때 한양으로 천도하며 창건, 조선 물산 공진회 개최 장소

어렵게 나올 경우
- ☑ **부속 건물**: 강녕전(왕의 침전), 향원정(후원의 정자)
- ☑ **역사적 사실**: 명성 황후 시해 사건(을미사변) 발생 장소(건청궁), 일제 강점기에 궁궐 앞에 조선 총독부 건립 → 김영삼 정부 때 철거(역사 바로 세우기 운동)

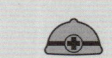

통수 대비 키워드
#창덕궁
- ☑ **별칭**: 동궐
- ☑ **부속 건물**: 규장각(왕실 도서관), 돈화문(정문), 부용정(인공 연못)
- ☑ **역사적 사실**: 태종이 한양으로 수도를 다시 옮기며 건립한 궁궐, 6·10 만세 운동 당시 순종의 장례 행렬이 출발한 장소(돈화문), 유네스코 세계 문화유산 등재

why? 해품사 예측 근거

조선 시대의 궁궐 유형은 대표적인 고난도 파트로, 각 궁궐의 부속 건물 및 역사적 사실을 종합적으로 암기할 필요가 있습니다. 이 유형의 경우 최근 기출에서 1년에 한 번 정도는 꾸준히 출제되는 추세이며 올해는 아직 출제된 사례가 없기 때문에 76회차에 출제될 가능성이 있습니다.

→ ***통수 대비 키워드란?**
저격 키워드 대신 기습적으로 출제될 수 있는 유력 키워드로, 출제 확률이 높을 경우 수록됩니다.

📁 **여기서 무조건 나온다!** 저격 키워드 기출 선지 싹 모음

선지
경복궁은 조선 물산 공진회 개최 장소로 이용되었다. (50, 53, 66, 75회)
경복궁은 태조가 한양으로 천도하며 창건되었다. (48, 50회)
경복궁은 명성 황후가 일본 낭인들에 의해 시해된 장소이다. (48, 49회)

⛑ **통수 조심!** 통수 대비 키워드 기출 선지 싹 모음

선지
창덕궁은 태종이 도읍을 한양으로 다시 옮기며 건립하였다. (64, 66, 70회)
창덕궁은 왕실 도서관인 규장각이 설치된 곳이다. (53, 60회)

저격키워드
#김정희

쉽게 나올 경우
- ☑ 『금석과안록』 저술(금석학 연구) → 서울 북한산 진흥왕 순수비 고증
- ☑ 세한도 제작

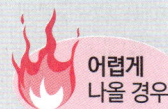
어렵게 나올 경우
- ☑ 추사체 창안(제주도 유배 생활 중 완성)

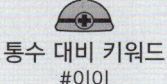
통수 대비 키워드 #이이
- ☑ 강릉 오죽헌 출신
- ☑ 『격몽요결』, 『동호문답』, 『성학집요』 저술
- ☑ 해주 향약 시행
- ☑ 자운 서원에 배향됨

why? 해품사 예측 근거

조선 시대의 인물 중 정도전(전기), 이황 및 이이(중기), 김정희(후기)는 각각 1년에 한 번씩은 반드시 출제될 정도로 빈출도가 매우 높습니다. 특히 최근 기출에서 조선 전기(정도전), 조선 중기(이황)의 인물 유형을 연속으로 출제하였기 때문에, 76회차에는 조선 후기의 인물 유형에 주목하는 것을 권장합니다.

→ *통수 대비 키워드란?
저격 키워드 대신 기습적으로 출제될 수 있는 유력 키워드로, 출제 확률이 높을 경우 수록됩니다.

📁 여기서 무조건 나온다! 저격 키워드 기출 선지 싹 모음

선지
김정희는 금석과안록에서 북한산비가 진흥왕 순수비임을 고증하였다. (49, 50, 51, 57, 59, 60, 63, 64, 65, 66, 70, 71회)
김정희는 역대 명필을 연구하여 추사체를 창안하였다. (55, 72회)

⛑ 통수 조심! 통수 대비 키워드 기출 선지 싹 모음

선지
이이는 군주가 수양해야 할 덕목과 지식을 담은 성학집요를 집필하였다. (58, 63, 69회)
이이는 동호문답에서 수취 제도의 개혁 등을 주장하였다. (51, 57, 74회)
이이는 해주 향약을 시행하여 향촌 교화를 위해 노력하였다. (60회)

저격키워드
#임오군란

- ✓ **배경**: 구식 군인에 대한 차별 대우 반발
- ✓ **결과**: 제물포 조약 체결(조선-일본 체결, 배상금 지불 및 일본 공사관 내 경비병으로 일본군 주둔 허용), 조청 상민 수륙 무역 장정 체결(조선-청 체결, 치외 법권 인정, 한성 및 양화진에서의 내지 통상권 허용) → 청 상인의 국내 진출 본격화

- ✓ **전개**: 구식 군인들의 선혜청과 일본 공사관 습격 → 명성 황후의 장호원 피신 → 흥선 대원군의 임시 재집권(별기군 및 2영 폐지, 5군영 복구) → 위안스카이가 이끄는 청군의 개입 → 흥선 대원군 톈진 납치 → 고문으로 마젠창·묄렌도르프 파견

 **해품사 예측 근거**

임오군란과 갑신정변은 개항기 파트의 대표적인 빈출 유형으로, 두 사건의 원인, 전개, 영향과 관련된 키워드 구별이 필수적입니다. 특히 올해 회차 중 제73회 및 제75회에서 모두 갑신정변이 출제되었기 때문에, 76회차에는 임오군란에 더욱 주목하는 것을 권장합니다.

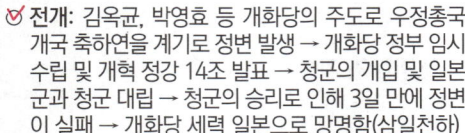

통수 대비 키워드
#갑신정변

- ✓ **배경**: 급진 개화파(개화당)의 입지 약화 → 일본의 정변 지원 약속
- ✓ **전개**: 김옥균, 박영효 등 개화당의 주도로 우정총국 개국 축하연을 계기로 정변 발생 → 개화당 정부 임시 수립 및 개혁 정강 14조 발표 → 청군의 개입 및 일본군과 청군 대립 → 청군의 승리로 인해 3일 만에 정변이 실패 → 개화당 세력 일본으로 망명함(삼일천하)
- ✓ **결과**: 한성 조약 체결(조선-일본 체결, 배상금 지불 및 일본 공사관 신축비 비용 부담), 톈진 조약 체결(청-일본 체결, 양국 군대의 동시 철수, 조선에 군대 파병 시 양국 간 사전 통보 규정)

→ ***통수 대비 키워드란?***
저격 키워드 대신 기습적으로 출제될 수 있는 유력 키워드로, 출제 확률이 높을 경우 수록됩니다.

📁 여기서 무조건 나온다! **저격 키워드 기출 선지** 싹 모음

선지
임오군란의 결과 일본 경비병의 공사관 주둔을 명시하였다. (51, 53, 55, 59, 60, 65, 67, 69회)
임오군란은 구식 군인에 대한 차별 대우가 발단이 되어 일어났다. (48, 61, 63, 70, 73회)
임오군란의 결과 마젠창과 묄렌도르프가 고문으로 파견되었다. (55, 69, 70회)
임오군란 때 구식 군인들은 선혜청과 일본 공사관을 습격하였다. (52, 56회)

통수 조심! **통수 대비 키워드 기출 선지** 싹 모음

선지
갑신정변은 우정총국 개국 축하연을 이용하여 일어났다. (48, 53, 55, 56, 61, 65회)
갑신정변의 결과 한성 조약이 체결되었다. (49, 50, 52, 63, 66, 70회)
갑신정변의 결과 청과 일본 사이에 톈진 조약이 체결되었다. (50, 60, 71, 75회)
김옥균, 박영효 등 개화 세력이 갑신정변을 일으켰다. (51, 52회)

저격키워드
#강화도 조약

제76회 30번

쉽게 나올 경우
- ✓ 대표 조항: 일본의 해안 측량권 인정, 치외 법권 규정, 항구 개항(부산·원산·인천)
- ✓ 영향: 국내에서 일본에 수신사 파견

어렵게 나올 경우
- ✓ 배경: 일본의 무력 시위인 운요호 사건 발생 → 강화도 연무당에서 조선 측 대표(신헌)와 일본 측 대표(구로다 기요타카)가 협상

통수 대비 키워드
#조일 통상 장정
- ✓ 배경: 조선의 관세 자주권 회복 요구 → 조미 수호 통상 조약 체결 이후 본격화
- ✓ 대표 조항: 일본 상품에 대한 관세 규정, 방곡령 규정(국내 곡물 부족 시 1개월 전 일본 영사관에 사전 통보 후 양곡 수출 금지 가능 → 함경도 관찰사 조병식이 방곡령 선포 → 일본의 방곡령 해제 요청으로 배상금 지급), 최혜국 대우 규정

why? 해품사 예측 근거

한능검에서 개항기 전기를 출제할 때 특정 국가와 체결한 조약을 직접적으로 출제하거나 조약과 관련된 사건, 사절단 등 다양한 역사적 사실을 응용하여 문제를 출제합니다. 실제로 작년과 올해 기출 경향을 고려할 때 특정 조약의 원문을 문제에서 그대로 제시하거나, 특정 조약과 관련된 사실을 파악하는 유형을 상당히 많이 출제하였기 때문에 76회차에도 개항기의 조약 키워드에 주목하는 것을 권장합니다.

➔ *통수 대비 키워드란?
저격 키워드 대신 기습적으로 출제될 수 있는 유력 키워드로, 출제 확률이 높을 경우 수록됩니다.

📁 여기서 무조건 나온다! 저격 키워드 기출 선지 싹 모음

선지
강화도 조약의 체결은 부산, 원산, 인천이 개항되는 결과를 가져왔다. (48, 49, 53, 59, 62, 70회)
강화도 조약의 체결은 수신사가 파견되는 데 영향을 주었다. (69, 70회)
강화도 조약의 체결 결과 일본 측의 해안 측량권이 인정되었다. (69회)

🪖 통수 조심! 통수 대비 키워드 기출 선지 싹 모음

선지
조일 통상 장정은 방곡령 시행에 대한 규정을 명시하였다. (47, 48, 49, 51, 53, 54, 55, 60, 71회)

저격키워드
#동학 농민 운동

 **해품사 예측 근거**

쉽게 나올 경우
- ✓ **배경**: 고부 군수 조병갑의 수탈 강화 → 전봉준의 주도로 고부 농민 봉기 발발(만석보 파괴) → 안핵사 이용태 파견 → 백산 집결 및 4대 강령 발표
- ✓ **제1차 동학 농민 운동의 전개**: 황토현 전투(전라 감영군 격파) → 황룡촌 전투(홍계훈 등 관군 격파) → 전주성 점령 → 정부의 요청으로 청군 국내 파병(톈진 조약 영향으로 일본군도 함께 파병) → 전주 화약 체결(폐정 개혁안 요구) → 집강소(폐정 개혁안 12개조 실시, 농민 자치 기구) 및 교정청(정부 주도 임시 관청) 설치
- ✓ **제2차 동학 농민 운동의 전개**: 일본의 경복궁 불법 점령 → 동학의 남접과 북접의 연합 부대가 논산 집결 → 공주 우금치에서 동학 농민군이 관군과 일본 연합군에 대치 → 전봉준 체포로 인해 운동 종결

 **어렵게 나올 경우**
- ✓ **동학 농민 운동 발발 이전 동학 교도의 활동**: 삼례 집회(1892) 및 보은 집회(1893) 개최(공통적으로 교조 신원 운동)

동학 농민 운동은 개항기의 대표적인 빈출 사건으로, 크게 사실형 유형과 흐름형 유형으로 나누어 출제할 수 있습니다. 특히 최근 기출에서 동학과 관련된 유형은 네 번이나 연속 출제될 정도로 빈도수가 높은 유형이므로, 동학 농민 운동과 관련된 대표적인 사건 관련 키워드를 파악하는 것이 중요합니다. 특히 최근 회차에서 사실형 유형 위주로 출제되었기 때문에, 76회차에서는 흐름형 유형이 출제될 가능성이 높습니다.

📁 **여기서 무조건 나온다! 저격 키워드 기출 선지 싹 모음**

선지
남접과 북접이 논산에서 집결하였다. (48, 52, 54, 56, 58, 61, 65, 67, 73회)
공주 우금치에서 농민군이 관군과 일본군에게 패배하였다. (47, 49, 51, 53, 56, 64, 65, 73회)
고부 농민들이 조병갑의 탐학에 맞서 **만석보를 파괴**하였다. (51, 52, 56, 65, 67, 72회)
폐정 개혁안 실천을 위해 **집강소** 설치를 요구하였다. (48, 49, 56, 57, 63, 70회)
동학 농민군이 정부와 **전주 화약**을 체결하였다. (55, 61, 64, 72, 74회)
사태 수습을 위해 **이용태가 안핵사로 파견**되었다. (53, 66, 67, 69회)
농민군이 **황룡촌 전투**에서 관군에 승리하였다. (47, 67, 73회)
일본이 군대를 동원하여 **경복궁**을 **점령**하였다. (51, 65, 73회)

저격키워드
#을미사변~대한 제국 건립

쉽게 나올 경우

- ☑ **을미사변**: 일본 자객들이 경복궁 건청궁에서 명성 황후 시해
- ☑ **을미개혁**: 건양 연호 및 태양력 채택, 단발령 실시, 진위대 및 친위대 설치 → 을미의병의 원인
- ☑ **을미의병**: 을미사변 및 단발령 계기로 발생 → 유인석 및 이소응 등 유생 출신들이 주도 → 고종이 아관 파천 이후 의병 해산 조칙을 내려 의병 자진 해산
- ☑ **아관 파천**: 고종이 궁녀의 가마를 타고 러시아 공사관으로 피신 → 고종이 경운궁(덕수궁)으로 환궁하며 대한 제국 선포 및 황제 즉위

어렵게 나올 경우

을미사변~아관 파천 전후의 사건을 연계하여 흐름형 유형 출제 가능

- ☑ **청일 전쟁~대한 제국 건립의 흐름**: 청일 전쟁 → 시모노세키 조약 체결 → 삼국 간섭(독일·프랑스·러시아) → 을미사변 → 을미개혁 → 을미의병 → 아관 파천 → 대한 제국 건립

해품사 예측 근거

을미사변~대한 제국 건립은 개항기 전기의 대표적인 흐름형 유형으로, 개항기 파트는 기본적으로 다양한 흐름형 유형을 출제하기 때문에 관련 사례를 정확히 파악하는 것이 중요합니다. 특히 한능검에서 최근 개항기 관련 흐름형 유형 중 청일 전쟁 및 을미사변 이후 관련 사건을 출제하지 않았기 때문에 76회차에 출제될 가능성이 있습니다.

 여기서 무조건 나온다! 저격 키워드 기출 선지 싹 모음

선지
을미개혁 때 **건양**이라는 연호를 제정하고 **태양력**을 채택하였다. (47, 49, 50, 54, 55, 56, 58, 59, 61, 62, 63, 64, 66, 69회)
을미사변 발생 이후 고종이 러시아 공사관으로 거처를 옮겼다. (50, 51, 59, 63, 75회)
을미사변의 결과 **명성 황후**가 시해되었다. (53, 66회)
을미개혁 때 군제를 개편하여 **친위대와 진위대**를 설치하였다. (71회)

저격키워드 #광무개혁

why? 해품사 예측 근거

개항기의 개혁은 개항기의 대표 빈출 주제로, 한능검 급수 체계 개편 이후 독립 협회를 포함하여 한 회차 내에 최대 세 문제까지 출제된 사례가 있기 때문에 반드시 주목할 필요가 있는 유형입니다. 특히 최근 회차에서 제1차 갑오개혁과 관련된 키워드가 언급되었으므로, 제2차 갑오개혁 또는 빈출도가 매우 높은 광무개혁에 더욱 주목하는 것을 권장합니다.

 **쉽게 나올 경우**
- ☑ **정치 관련 사례**: 대한국 국제 반포(헌법), 원수부 설치(황제 직속 군대), 환구단에서 황제로 즉위
- ☑ **경제 관련 사례**: 양전 사업 시행 → 지계 발급

 **어렵게 나올 경우**
- ☑ **정치 관련 사례**: 구본신참 바탕
- ☑ **경제 관련 사례**: 상공 학교 설립
- ☑ **외교 관련 사례**: 대한 제국 칙령 제41호 반포 → 독도 영유권 규정, 이범윤 간도 관리사 파견, 용암포 점령 사건 발발 → 러일 전쟁 원인

 **통수 대비 키워드** #제2차 갑오개혁
- ☑ **담당 기구(인물)**: 김홍집·박영효 연립 내각(군국기무처 폐지)
- ☑ **개혁 사례**: 교육입국 조서 반포 → 한성 사범 학교 설립, 재판소 설치, 홍범 14조 반포(예 왕실 사무 및 국정 사무 분리, 탁지아문에서 조세 징수 및 경비 지출 관할), 8도 → 23부 개편, 8아문 → 7부 개편

→ *통수 대비 키워드란?
저격 키워드 대신 기습적으로 출제될 수 있는 유력 키워드로, 출제 확률이 높을 경우 수록됩니다.

📂 여기서 무조건 나온다! 저격 키워드 기출 선지 싹 모음

선지
광무개혁 때 양전 사업을 실시하여 지계를 발급하였다. (47, 48, 54, 55, 56, 57, 58, 59, 60, 65, 66, 68, 69, 71, 72, 74, 75회)
광무개혁 때 군 통수권 장악을 위해 원수부를 두었다. (47, 49, 51, 53, 57, 59, 60, 63, 66, 67, 71회)
광무개혁 때 대한국 국제가 반포되었다. (50, 57, 58, 60, 65회)
광무개혁은 구본신참에 입각하여 개혁을 추진하였다. (50, 52회)
광무개혁 때 상공 학교를 설립하여 실업 교육을 실시하였다. (68회)

통수 조심! 통수 대비 키워드 기출 선지 싹 모음

선지
제2차 갑오개혁 때 교육입국 조서 반포를 계기로 한성 사범 학교가 설립되었다. (48, 53, 54, 55, 57, 59, 60, 64, 66, 67, 70, 71, 72회)
제2차 갑오개혁 때 개혁의 방향을 제시한 홍범 14조를 반포하였다. (49, 54, 55, 57, 63, 65, 67, 72, 73, 74회)
제2차 갑오개혁 때 지방 행정 구역을 8도에서 23부로 개편하였다. (49, 52, 61, 67, 71회)
제2차 갑오개혁 때 근대적 사법 기구인 재판소를 설치하였다. (53, 63회)

저격키워드
#구한말 일제의 침략

- **구한말 일제의 침략 흐름**: 러일 전쟁 → 포츠머스 조약(일본의 독점적 대한 제국 지배 인정) → 을사늑약 체결(외교권 박탈 및 통감부 설치) → 을사의병(민종식·신돌석·최익현 주도) → 헤이그 특사 파견(이준·이위종·이상설) → 고종의 강제 퇴위 및 정미 7조약 체결(대한 제국 군대 강제 해산) → 정미의병(이인영, 13도 창의군 결성, 서울 진공 작전) → 기유각서(사법권 강탈)

- **러일 전쟁 시기의 역사적 사실 연계**
  - **국내**: 한일 의정서 체결, 제1차 한일 협약 체결(메가타 재정 고문으로 초빙), 일본의 독도 시마네현 불법 편입
  - **국외**: 가쓰라·태프트 밀약 체결(미국-일본), 제2차 영일 동맹 체결(영국-일본)

 **해품사 예측 근거**

구한말 일제의 침략 유형은 개항기의 대표적인 빈출 유형으로, 주로 흐름형 유형으로 출제되기 때문에, 대표적인 사건의 전반적인 흐름을 꼼꼼히 암기해야 풀이할 수 있는 개항기의 대표적인 고난도 유형입니다. 특히 이 유형은 최근 한능검에서 4회 연속 출제되었기 때문에, 우선적으로 공략하는 것을 권장합니다.

📁 여기서 무조건 나온다! **저격 키워드 기출 선지** 싹 모음

선지
정미의병은 **13도 창의군**을 결성하여 **서울 진공 작전**을 전개하였다. (47, 48, 49, 51, 53, 54, 57, 63, 64, 67, 68, 69, 70, 72, 73회)
러일 전쟁 때 체결된 제1차 한일 협약에서 **메가타가 대한 제국의 재정 고문으로 초빙**되었다. (48, 50, 51, 53, 57, 59, 60, 64, 70회)
을사늑약의 체결 결과 **외교권이 박탈**되고 **통감부가 설치**되었다. (48, 50, 51, 53, 57, 59, 60, 64, 70회)
을사늑약 체결 이후 헤이그에서 열린 만국 평화 회의에 **특사가 파견**되었다. (50, 51, 53, 54, 55, 66, 67, 70회)
최익현이 을사늑약 체결에 반대하여 **태인에서 의병**을 일으켰다. (52, 64, 70, 72, 75회)
일제는 **기유각서**를 체결하여 **사법권 강탈**하였다. (52, 58, 64, 67, 69회)
정미의병은 고종의 강제 퇴위 및 군대 해산에 반발하여 결성되었다. (57, 65회)
러일 전쟁 때 군사 전략상 필요한 지역을 일본에게 제공하는 **한일 의정서**가 강요되었다. (64회)

저격키워드
#신민회

- ✓ **대표 인물**: 안창호, 양기탁, 이승훈
- ✓ **대표 활동**: 대성 학교 설립(안창호), 오산 학교 설립(이승훈), 신흥 강습소 설립(신흥 무관 학교로 발전), 태극 서관 운영
- ✓ **특징**: 데라우치 총독 암살 혐의를 조작한 105인 사건 발생 → 신민회 해체

- ✓ **대표 활동**: 자기 회사 설립
- ✓ **특징**: 공화정 지향

 **why?** 해품사 예측 근거

신민회는 출제 빈도가 가장 높은 개항기의 대표적인 애국 계몽 운동 단체로서, 1년에 한 번 정도는 출제되는 편입니다. 신민회가 자주 출제되는 이유는 다른 애국 계몽 운동 단체에 비해 활용할 수 있는 키워드가 비교적 많기 때문입니다.

📁 **여기서 무조건 나온다! 저격 키워드 기출 선지 싹 모음**

선지
신민회는 일제가 조작한 105인 사건으로 와해되었다. (47, 48, 50, 51, 53, 56, 58, 60, 63, 65, 66, 67, 68, 69, 73회)
신민회는 대성 학교와 오산 학교를 설립하여 민족 교육을 실시하였다. (47, 49, 51, 54, 57, 63, 64, 67, 71, 73회)
신민회는 삼원보에 신흥 강습소를 세워 무장 투쟁을 준비하였다. (49, 51, 55, 56, 58, 59, 61, 65, 66회)
신민회는 태극 서관을 운영하여 계몽 서적 등을 보급하였다. (51, 52, 56, 61, 63, 64, 65회)
신민회는 안창호, 양기탁, 이승훈 등이 비밀 결사로 조직하였다. (62회)
신민회는 평양에 자기 회사를 설립하였다. (50회)

저격키워드
#대한매일신보

제76회 **36번**

- **창간**: 양기탁, 베델(영국인)
- **특징**: 국채 보상 운동 확산 기여, 항일 논설 다수 게재

- **특징**: 국문판 및 영문판 발행

 **해품사 예측 근거**

대한매일신보는 개항기의 신문 중 가장 출제 비중이 높은 키워드입니다. 특히 작년 기출과 올해 기출 경향을 고려할 때 개항기의 문화 사례에 대한 유형이 많이 출제되었기 때문에, 올해 아직 출제되지 않은 문화 사례인 신문에 주목하는 것을 권장합니다.

 여기서 무조건 나온다! 저격 키워드 기출 선지 **싹 모음**

선지
베델이 양기탁과 함께 대한매일신보를 창간하였다. (49, 53, 57, 59, 60, 63회)
대한매일신보는 국채 보상 운동의 확산에 기여하였다. (55, 64, 67, 71회)

제76회 **37번**

저격키워드

#무단 통치기

- **정책**: 교사가 제복을 입고 칼을 찬 상태로 수업을 진행함, 범죄 즉결례, 조선 태형령, 헌병 경찰제
- **경제 침탈**: 토지 조사 사업, 회사령

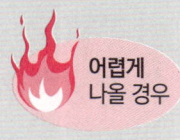
- **경제 침탈**: 광업령, 삼림령, 어업령 반포
- **교육**: 제1차 조선 교육령 반포
- **관련 역사적 사실**: 조선 물산 공진회 개최

 해품사 예측 근거

일제 강점기의 식민 통치 및 사회상 유형은 일제 강점기 파트의 대표적인 빈출 주제로, 크게 민족 말살 통치기-무단 통치기-이른바 문화 통치기 순으로 출제 빈도가 높습니다. 특히 무단 통치기와 민족 말살 통치기의 일제의 정책 및 사회상 유형은 한 회차 내에 동시에 출제할 가능성이 높기 때문에 두 키워드를 모두 공략하는 것을 권장합니다.

📁 여기서 무조건 나온다! 저격 키워드 기출 선지 싹 모음

선지
무단 통치기에는 조선인에게만 적용된 형벌인 조선 태형령이 시행되었다. (49, 52, 53, 54, 55, 56, 57, 61, 63, 64, 66, 67, 69, 70, 72, 74회)
무단 통치기에는 강압적 통치를 목적으로 헌병 경찰제가 시행되었다. (47, 51, 53, 58, 61, 62, 63, 64, 65, 66, 67, 69, 70, 72회)
무단 통치기에는 근대적 토지 소유권 확립을 명분으로 토지 조사 사업을 시행하였다. (47, 48, 49, 57, 58, 59, 62, 65, 66, 68, 73, 74, 75회)
무단 통치기에는 회사 설립 시 총독의 허가를 받도록 하는 회사령을 공포하였다. (49, 50, 53, 56, 57, 58, 59, 60, 61, 64, 70, 73, 75회)
무단 통치기에는 경복궁에서 조선 물산 공진회가 개최되었다. (72, 75회)

저격키워드
#이른바 문화 통치기

 **해품사 예측 근거**

 **쉽게 나올 경우**
- ✓ **문화**: 나운규의 '아리랑' 상영(단성사에서 상영)
- ✓ **사회**: 천도교의 활동 → 『개벽』 및 『신여성』 발간, 천도교 소년회 조직(어린이 운동 주도)
- ✓ **역사적 사실**: 조선 민립 대학 기성회 창립 → 민립 대학 설립 운동 전개 → 일제가 무마책으로 경성 제국 대학 설립

 **어렵게 나올 경우**
- ✓ **문화**: 사회주의 성향의 작가들이 카프(KAPF) 결성

 통수 대비 키워드
#이른바 문화 통치기 이외 일제 강점기의 문화 사례
- ✓ **문화**: 미쓰코시 백화점 건설

일제 강점기의 식민 통치 및 사회상 유형은 일제 강점기 파트의 대표적인 빈출 주제로, 크게 민족 말살 통치기-무단 통치기-이른바 문화 통치기 순으로 출제 빈도가 높습니다. 기존 기출 경향에서는 이른바 문화 통치기 관련 유형의 출제 비중이 매우 낮았으나, 작년부터 일제 강점기의 문화 및 사회의 변화라는 주제를 바탕으로 일제 강점기 시기 역사적 사실을 파악하는 유형의 출제 비중이 증가하였습니다. 이때 정답으로 가장 많이 활용되는 사례가 이른바 문화 통치기의 역사적 사실이기 때문에 이른바 문화 통치기 키워드에도 주목하는 것을 권장합니다.

➡ *통수 대비 키워드란?
저격 키워드 대신 기습적으로 출제될 수 있는 유력 키워드로, 출제 확률이 높을 경우 수록됩니다.

📁 **여기서 무조건 나온다!** 저격 키워드 기출 선지 싹 모음

선지
이른바 문화 통치기에는 일제가 **경성 제국 대학 설립을 추진**하였다. (47, 52, 55, 59, 61, 63, 66, 67, 69, 70, 72, 73회)
이른바 문화 통치기에는 **나운규**가 제작한 **아리랑**이 **단성사**에서 개봉되었다. (50, 51, 53, 55, 57, 63, 65, 72회)
이른바 문화 통치기에는 **조선 민립 대학 기성회**에서 모금 활동을 전개하였다. (52, 57, 62, 64, 65, 69, 73, 74회)
이른바 문화 통치기에는 **신경향파** 작가들이 **카프(KAPF)**를 형성하여 활동하였다. (70회)

제76회 39번 저격키워드

#광주 학생 항일 운동

쉽게 나올 경우
- ✓ **배경**: 한일 학생 간 충돌 계기
- ✓ **영향 및 의의**: 신간회에서 진상 조사단을 파견하여 지원함

어렵게 나올 경우
- ✓ **전개**: 독서회 및 성진회 등 학생 단체의 주도적 활동, 조선인 본위의 교육 제도 확립 요구
- ✓ **영향 및 의의**: 전국적인 동맹 휴학이 발생하는 계기가 됨, 3·1 운동 이후 최대의 민족 운동, 11월 3일 기념일 지정

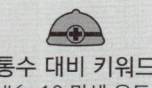
통수 대비 키워드
#6·10 만세 운동
- ✓ **배경**: 순종(융희 황제)의 인산일을 계기로 만세 운동 계획
- ✓ **전개**: 사회주의 계열 및 학생 중심으로 만세 운동 준비(민족주의 계열과 사회주의 계열 함께 준비), 시위 준비 과정에서 사회주의자들 사전 발각
- ✓ **영향 및 의의**: 정우회 선언 발표 → 민족 유일당 운동 전개 → 신간회 창립

why? 해품사 예측 근거

일제 강점기의 항일 운동 유형은 1년에 최소 1~2회는 출제되는 일제 강점기 파트의 대표적인 빈출 주제로, 크게 3·1 운동, 6·10 만세 운동, 광주 학생 항일 운동을 중심으로 공략할 필요가 있습니다. 특히 일제 강점기 항일 운동 키워드는 최근 기출에서 5회 이상 연속으로 출제될 정도로 출제율이 아주 높기 때문에 반드시 공략할 필요가 있습니다. 76회차의 경우 지난 회차 기출에서 3·1 운동을 이미 많이 출제하였기 때문에, 다른 항일 운동의 사례를 중심으로 공략하는 것을 권장합니다.

→ *통수 대비 키워드란?
저격 키워드 대신 기습적으로 출제될 수 있는 유력 키워드로, 출제 확률이 높을 경우 수록됩니다.

📁 여기서 무조건 나온다! 저격 키워드 기출 선지 싹 모음

선지
광주 학생 항일 운동은 성진회와 각 학교 독서회에 의해 전국적으로 확산되었다. (48, 49, 63, 70, 72, 74회)
광주 학생 항일 운동은 한국인 학생과 일본인 학생 간의 충돌에서 비롯되었다. (47, 53, 57, 61회)
광주 학생 항일 운동은 전국적인 시위와 동맹 휴학으로 확산하였다. (73회)
광주 학생 항일 운동은 조선인 본위의 교육 제도 확립 등을 요구하였다. (67회)

🧢 통수 조심! 통수 대비 키워드 기출 선지 싹 모음

선지
6·10 만세 운동은 순종의 인산일을 기회로 삼아 대규모 시위를 계획하였다. (55, 61, 63, 66, 68, 72, 73, 74회)
6·10 만세 운동은 민족주의 계열과 사회주의 계열이 함께 준비하였다. (47, 49, 54회)
6·10 만세 운동 발생 이전에 시위를 준비하는 과정에서 사회주의자들이 대거 검거되었다. (61, 70회)

제76회 40번 저격키워드
#민족 말살 통치기

쉽게 나올 경우
- **전쟁**: 금속 및 미곡 공출, 국가 총동원법, 중일 전쟁, 태평양 전쟁
- **세뇌**: 황국 신민 서사
- **노역**: 여자 정신 근로령
- **이외 사실**: 조선 사상범 예방 구금령(1941)

어렵게 나올 경우
- **전쟁**: 애국반, 위안부, 학도병제
- **세뇌**: 신사 참배, 창씨개명
- **노역**: 국민 징용령, 몸뻬 착용 강조

해품사 예측 근거

일제 강점기의 식민 통치 및 사회상 유형은 일제 강점기 파트의 대표적인 빈출 주제로, 크게 민족 말살 통치기-무단 통치기-이른바 문화 통치기 순으로 출제 빈도가 높습니다. 특히 무단 통치기와 민족 말살 통치기에 시행된 일제의 정책 및 사회상 유형은 한 회차 내에 동시에 출제할 가능성이 높기 때문에 두 키워드 모두 공략하는 것을 권장합니다.

📁 여기서 무조건 나온다! 저격 키워드 기출 선지 싹 모음

선지
민족 말살 통치기에는 **황국 신민 서사 암송**을 강요하였다. (49, 53, 54, 55, 57, 58, 63, 67, 69, 70, 71, 73, 74회)
민족 말살 통치기에는 **조선 사상범 예방 구금령**을 시행하였다. (47, 48, 55, 58, 59, 64, 66, 69, 70, 73, 75회)
민족 말살 통치기에는 **애국반**이 편성되어 **몸뻬** 착용을 강요하는 등 일상생활이 통제되었다. (58, 60, 64, 70, 72, 75회)
민족 말살 통치기에는 **국가 총동원법**을 제정하여 인력과 물자를 강제 동원하였다. (60, 64, 65, 71, 73회)
민족 말살 통치기에는 **식량 배급 및 미곡 공출제**를 시행하였다. (48, 55, 57, 60, 62회)
민족 말살 통치기에는 **국민 징용령**에 의해 우리 민족이 강제로 노동 현장에 동원되었다. (50, 54, 55, 71회)
민족 말살 통치기에는 **여자 정신 근로령**을 공포하여 한국인 여성을 강제로 동원하였다. (48, 61, 66, 73회)
민족 말살 통치기에는 조선인들을 **신사 참배**에 강제 동원하였다. (49, 56회)

저격키워드
#미주 지역의 국외 독립 운동

 쉽게 나올 경우
- ✓ 기구(단체): 대조선 국민군단(박용만), 흥사단(안창호)
- ✓ 관련 역사적 사실: 사진 결혼 유행, 사탕수수 농장에서 노동 착취

 어렵게 나올 경우
- ✓ 기구(단체): 대한인 국민회, 윌로우스 비행 학교(한인 비행 학교)

 통수 대비 키워드
#연해주
- ✓ 기구(단체): 권업회(초대 회장 최재형-안중근 하얼빈 의거 지원, 권업신문 발간), 신한촌(한인 집단 거주지, 블라디보스토크 위치), 대한 광복군 정부(정통령 이상설, 부통령 이동휘 선출), 전로 한족회 중앙 총회 → 대한 국민 의회, 한인 사회당(사회주의 정당)
- ✓ 관련 역사적 사실: 스탈린의 한인 중앙아시아 강제 이주 정책 시행(1937), 해조신문 발간(최봉준, 블라디보스토크)

 **why?** 해품사 예측 근거

일제 강점기의 국외 독립운동 유형은 한능검 급수 체계 개편 이후 빈출도가 높아진 일제 강점기 파트의 대표 주제입니다. 일제 강점기 국외 독립운동 유형은 다양한 지역의 국외 독립운동 사례 키워드를 상당히 많이 암기할 필요가 있기 때문에 난도가 높은 편입니다. 특히 최근 기출에서 서간도, 멕시코, 연해주 지역의 사례를 출제하였기 때문에, 76회차에서는 아직 출제되지 않은 지역에 주목하는 것을 권장합니다.

*통수 대비 키워드란?
저격 키워드 대신 기습적으로 출제될 수 있는 유력 키워드로, 출제 확률이 높을 경우 수록됩니다.

📁 여기서 무조건 나온다! 저격 키워드 기출 선지 싹 모음

선지
미주 지역에서는 독립군 양성을 위해 박용만이 대조선 국민군단을 결성하였다. (49, 50, 51, 58, 61, 67, 71, 72, 73, 74회)
미주 지역에서는 한인 비행 학교를 세워 독립군 비행사를 육성하였다. (56, 73회)
미주 지역에서는 항일 독립운동 단체인 흥사단이 설립되었다. (66, 71회)
미주 지역에서는 대한인 국민회를 조직하여 외교 활동을 펼쳤다. (49회)

🎖 통수 조심! 통수 대비 키워드 기출 선지 싹 모음

선지
연해주 지역에서는 권업회를 조직하고 권업신문과 해조신문을 발행하였다. (48, 49, 51, 53, 54, 56, 58, 61, 71, 72, 74회)
연해주 지역에서는 대한 광복군 정부를 세워 무장 독립 투쟁을 전개하였다. (53, 67, 73회)
연해주 지역에서는 사회주의 계열의 한인 사회당이 조직되었다. (58회)
스탈린에 의해 연해주 지역의 많은 한인이 중앙아시아로 강제 이주되었다. (52회)

저격키워드
#대한민국 임시 정부

- **상하이 시기 활동 사례**: 교통국, 구미 위원부, 김규식의 파리 강화 회의 파견, 독립신문, 독립(애국)공채, 연통제, 백산 상회(안희제-부산), 이륭양행(교통국 지원), 『한일 관계 사료집』
- **충칭 시기 활동 사례**: 한국광복군 창설 → 삼균주의 기초 대한민국 건국 강령 발표 → 국내 진공 작전 추진

 **해품사 예측 근거**

대한민국 임시 정부는 일제 강점기에서 가장 빈출도가 높은 유형으로, 실제로 대한민국 임시 정부 관련 사실형 유형과 흐름형 유형을 비롯하여 다른 기구 및 단체와 연계하여 출제될 가능성이 높기 때문에 관련 키워드를 광범위하게 암기하는 것을 권장합니다.

- **상하이 시기 관련 사건**: 국민 대표 회의(1923), 박은식 제2대 대통령 선출(1925), 이상룡 초대 국무령 선출(1925)
- **충칭 시기 관련 사건**: 「대일 선전 성명서」 발표(1941), 조소앙의 삼균주의에 기초한 건국 강령 발표

 여기서 무조건 나온다! 저격 키워드 기출 선지 싹 모음

선지
충칭 시기의 대한민국 임시 정부는 조소앙의 삼균주의를 기초로 건국 강령을 발표하였다. (47, 48, 50, 51, 54, 56, 58, 62, 64, 66, 68, 69, 70, 75회)
상하이 시기의 대한민국 임시 정부는 독립운동 자금 마련을 위해 독립 공채를 발행하였다. (48, 52, 53, 54, 57, 59, 62, 69, 71, 74회)
상하이에서 국민 대표 회의가 개최되었다. (47, 50, 53, 55, 66, 73회)
상하이 시기의 대한민국 임시 정부는 대미 외교를 수행하기 위해 구미 위원부를 설치하였다. (47, 57, 61, 62, 65회)
상하이 시기의 대한민국 임시 정부는 이륭양행에 교통국을 설치하였다. (56, 61, 67, 72회)
상하이 시기의 대한민국 임시 정부는 비밀 행정 조직인 연통제를 조직하였다. (53, 55, 66회)
상하이 시기의 대한민국 임시 정부는 임시 사료 편찬회를 두어 한일 관계 사료집을 편찬하였다. (51, 57, 62회)
충칭 시기의 대한민국 임시 정부는 대일 선전 성명서를 발표하였다. (50, 68회)

저격키워드
#조선 혁명군

해품사 예측 근거

일제 강점기의 군사 조직 유형은 일제 강점기의 대표 빈출 파트로서, 단체의 이름이 상당히 유사하여 혼동하기 쉬워 반드시 공략할 필요가 있습니다. 특히 올해 기출에서 조선 의용대, 한국 독립군, 한국광복군이 모두 출제되었기 때문에, 우선은 조선 혁명군을 가장 우선적으로 주목하되 다른 단체의 인물 또는 활동 사례도 가볍게 암기하는 것을 권장합니다.

쉽게 나올 경우
- ✓ 대표 인물: 양세봉(총사령)
- ✓ 전투 사례: 영릉가 전투, 흥경성 전투

어렵게 나올 경우
- ✓ 특징: 남만주에서 조직됨, 중국 의용군과 연합 작전 전개

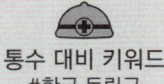
통수 대비 키워드
#한국 독립군
- ✓ 대표 인물: 지청천(총사령관)
- ✓ 전투 사례: 쌍성보 전투, 대전자령 전투
- ✓ 특징: 북만주에서 조직됨, 중국 호로군과 연합 작전 전개

→ *통수 대비 키워드란?
저격 키워드 대신 기습적으로 출제될 수 있는 유력 키워드로, 출제 확률이 높을 경우 수록됩니다.

📁 여기서 무조건 나온다! 저격 키워드 기출 선지 싹 모음

선지
조선 혁명군은 영릉가 및 흥경성에서 일본군에게 승리를 거두었다. (47, 48, 51, 54, 57, 58, 59, 63, 64, 68, 69, 71, 72, 74회)
조선 혁명군은 총사령 양세봉의 지휘 아래 활동하였다. (60회)
조선 혁명군은 중국 의용군과 연합하여 활동하였다. (64회)

⛑ 통수 조심! 통수 대비 키워드 기출 선지 싹 모음

선지
한국 독립군은 대전자령 전투에서 일본군을 상대로 승리를 거두었다. (48, 51, 53, 59, 60, 61, 62, 64, 66, 68회)
한국 독립군은 쌍성보 전투에서 한중 연합 작전을 전개하였다. (49, 52, 55, 59, 64, 65, 69, 71, 73회)
한국 독립군은 지청천을 총사령관으로 하였다. (68회)

#형평 운동

쉽게 나올 경우
- ✓ 대표 단체(인물): 조선 형평사(1923, 진주 지역에서 결성)
- ✓ 활동 사례: 신분 해방 이후에도 백정에 대한 사회적 차별 반발

어렵게 나올 경우
- ✓ 활동 사례: 공평, 사랑, 애정 등 강조

통수 대비 키워드
#여성 운동
- ✓ 대표 단체: 근우회(1927)
- ✓ 활동 사례: 신간회의 자매 단체로 결성됨 → 민주주의 계열 및 사회주의 계열 여성들의 연합 활동 전개, 조선 여성들의 단결 및 지위 향상 목표, 잡지 『근우』 발간

why? 해품사 예측 근거

일제 강점기의 사회 운동 및 종교 활동은 1년에 한 번 정도는 출제되는 대표적인 유형으로, 현재 기출 경향을 고려할 때 제73회에서 종교 관련 유형(천도교)이 출제되었으므로, 76회차에는 사회 운동 관련 사례에 주목하는 것을 권장합니다.

*통수 대비 키워드란?
저격 키워드 대신 기습적으로 출제될 수 있는 유력 키워드로, 출제 확률이 높을 경우 수록됩니다.

📁 여기서 무조건 나온다! 저격 키워드 기출 선지 싹 모음

선지
형평 운동은 조선 형평사의 주도로 전개되었다. (48, 50, 51, 53, 55, 64, 65, 68, 72회)
형평 운동은 백정에 대한 사회적 차별 철폐를 목적으로 하였다. (48, 57, 61, 63, 69, 73, 74회)

 통수 조심! 통수 대비 키워드 기출 선지 싹 모음

선지
근우회는 민족주의 계열과 사회주의 계열의 여성들이 연합하여 결성하였다. (52회)
근우회는 조선 여성의 단결과 지위 향상을 목표로 하였다. (56회)

저격키워드
#신채호

 **해품사 예측 근거**

신채호는 대한민국 임시 정부 유형과 함께 인물 유형으로 자주 언급되는 키워드입니다. 특히 최근 출제 경향을 감안하였을 때 일제 강점기의 인물 유형이 출제될 수 있다고 판단되므로 신채호를 공략하는 것을 권장합니다.

 **쉽게 나올 경우**
- 역사서: 『독사신론』, 『조선상고사』
- 활동: 조선 혁명 선언 작성

 **어렵게 나올 경우**
- 역사서: 『을지문덕전』, 『이순신전』, 『조선사연구초』
- 활동: 국민 대표 회의 창조파 대표

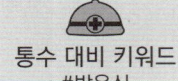 **통수 대비 키워드 #박은식**
- 역사서: 『한국통사』, 『한국독립운동지혈사』
- 활동: 대한민국 임시 정부 제2대 대통령 역임, 유교구신론 주장

*통수 대비 키워드란?
저격 키워드 대신 기습적으로 출제될 수 있는 유력 키워드로, 출제 확률이 높을 경우 수록됩니다.

📁 여기서 무조건 나온다! 저격 키워드 기출 선지 싹 모음

선지
신채호는 조선 혁명 선언을 작성하였다. (68, 70, 72, 73회)
신채호는 민족을 역사 서술의 중심에 둔 독사신론을 발표하였다. (56, 64, 74회)
신채호는 고대사 연구를 바탕으로 조선상고사를 저술하였다. (50, 57회)

⛑ 통수 조심! 통수 대비 키워드 기출 선지 싹 모음

선지
박은식은 국권 피탈 과정을 정리한 한국통사를 저술하였다. (48, 49, 51, 54, 59, 61, 63, 64, 65, 66, 75회)
박은식은 한국독립운동지혈사에서 독립 투쟁을 서술하였다. (47, 50, 67, 69, 70회)
박은식은 실천적인 유교 정신을 강조하는 유교구신론을 저술하였다. (55, 56, 57, 72회)

저격키워드
#6·25 전쟁

✓ **관련 사실**: 국민 방위군 사건, 국민 보도 연맹, 발췌 개헌안 통과, 부산 임시 수도

✓ **대표 사건 흐름**: 낙동강 전선에서 대립(예 다부동 전투) → 인천 상륙 작전 전개 → 서울 수복 및 압록강 유역 진출 → 중공군 개입 → 흥남 철수 작전 전개 → 1·4 후퇴 → 개성에서 첫 정전(휴전) 회담 개최 → 반공 포로 석방 → 판문점에서 정전 협정 체결

 **해품사 예측 근거**

6·25 전쟁 유형은 개편 이후 빈출도가 늘어난 현대 파트의 대표 주제로, 크게 전쟁 시기에 발생한 사실형 유형과 관련 사건의 흐름형 유형을 중심으로 출제합니다. 실제로 1년에 최소 두 번 이상은 반드시 출제되는 빈출 유형이므로 반드시 공략하는 것을 권장합니다.

📁 **여기서 무조건 나온다!** 저격 키워드 기출 선지 싹 모음

선지
6·25 전쟁 때 비상계엄이 선포된 가운데 **발췌 개헌안이 통과**되었다. (51, 52, 59, 66, 68, 70, 72, 74회)
6·25 전쟁 때 **국민 방위군 사건**이 발생하였다. (58, 61, 63, 64, 72회)
6·25 전쟁 때 **흥남에서 대규모 철수 작전이 전개**되었다. (51, 55, 61, 68, 69회)
6·25 전쟁 때 유엔군이 **인천 상륙 작전**을 전개하였다. (61, 62, 66, 68회)
6·25 전쟁 때 **반공 포로가 석방**되었다. (58, 63, 68회)
6·25 전쟁 때 **부산이 임시 수도**로 정해졌다. (61, 65회)
6·25 전쟁 때 국군이 **다부동 전투**에서 북한군의 공세를 방어하였다. (55회)

 헷갈리지 말자! 빈출 오답 키워드

*빈출 오답 키워드는 저격 키워드와 함께 자주 출제되는 키워드입니다.

#6·25 전쟁 배경 & 영향

선지
6·25 전쟁 이전 1950년 1월 미국의 극동 방위선을 규정한 **애치슨 라인**이 발표되었다. (51, 55, 61, 62, 64, 65, 66, 69, 70, 71회)
6·25 전쟁 휴전 협정 이후 **한미 상호 방위 조약**이 체결되었다. (51, 59, 61, 64, 65, 68, 69, 74회)

저격키워드
#박정희 정부

why? 해품사 예측 근거

박정희 정부는 현대의 역대 정부 중 가장 오래 재임하였기 때문에, 거의 매회 출제되는 현대사의 대표적인 빈출 키워드입니다. 특히 재임 기간이 길기 때문에 상당히 많은 키워드가 활용되어 출제되고 있기 때문에 꼼꼼한 암기를 권장합니다.

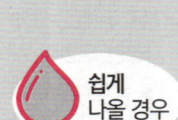
쉽게 나올 경우

- ✅ **정치**: 국민 교육 헌장, 새마을 운동, 3선 개헌(제6차 개헌), 유신 헌법(제7차 개헌) 및 통일 주체 국민 회의
- ✅ **경제**: 경부 고속 도로 개통, 제1~4차 경제 개발 5개년 계획 시행[제1~2차-경공업, 제3~4차-중화학 공업(예 포항 제철)], 제1·2차 석유 파동
- ✅ **민주화 운동 및 사건**: 3·1 민주 구국 선언(긴급 조치 철폐 요구), 전태일 분신 사건, 6·3 시위, YH 무역 농성 사건 → 부마 민주 항쟁
- ✅ **외교**: 한일 기본 조약 체결, 7·4 남북 공동 성명(남북 조절 위원회), 연간 수출액 100억 달러 달성 (1977)

어렵게 나올 경우

- ✅ **정치**: 인민 혁명당 재건위 사건, 중학교 무시험 진학 제도
- ✅ **경제**: 8·3 조치
- ✅ **민주화 운동 및 사건**: 광주 대단지 사건, 개헌 청원 100만인 서명 운동(장준하), 함평 고구마 피해 보상 투쟁
- ✅ **외교**: 서독 광부 파견, 브라운 각서, 남북 적십자 회담

 여기서 무조건 나온다! 저격 키워드 기출 선지 싹 모음

선지
박정희 정부 때 **7·4 남북 공동 성명**을 실천하기 위해 **남북 조절 위원회**를 구성하였다. (47, 48, 50, 51, 52, 53, 56, 57, 58, 59, 60, 61, 62, 63, 64, 65, 67, 68, 69, 70, 71, 73회)
박정희 정부 때 굴욕적인 한일 국교 정상화에 반대하는 **6·3 시위**가 일어났다. (50, 52, 53, 54, 55, 60, 61, 62, 63, 64, 69, 72회)
박정희 정부 때 **경부 고속 도로**가 개통되었다. (48, 51, 56, 64, 72, 75회)
박정희 정부 때 **통일 주체 국민 회의**에서 대통령이 선출되었다. (58, 59, 62, 67, 71, 72회)
박정희 정부 때 **국민 교육 헌장**이 발표되었다. (49, 56, 57, 69, 71회)
박정희 정부 때 농촌의 근대화를 표방한 **새마을 운동**이 전개되었다. (56, 57, 60회)
박정희 정부 때 **제3차 경제 개발 5개년 계획**을 추진하며 **포항 제철소 1기**가 준공되었다. (53, 58, 69회)
박정희 정부 때 베트남 파병에 관한 **브라운 각서**가 체결되었다. (58, 62회)

저격키워드
#5·18 광주 민주화 운동

 쉽게 나올 경우
- ☑ **배경**: 신군부의 비상계엄 확대 및 무력 진압 저항
- ☑ **전개**: 금남로 및 전남도청 등에서 자발적으로 조직된 시민군이 계엄군에 저항함
- ☑ **영향**: 관련 기록물 유네스코 세계 기록 유산 등재 (*4·19 혁명도 동일함)

 어렵게 나올 경우
- ☑ **전개**: 윤상원 열사 등의 활동

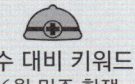 통수 대비 키워드
#6월 민주 항쟁
- ☑ **배경**: 전두환 정부의 4·13 호헌 조치 발표, 박종철 고문치사 사건 및 이한열 열사의 최루탄 피격 등 발생
- ☑ **전개**: 호헌 철폐 및 독재 타도 주장
- ☑ **영향**: 5년 단임 대통령 직선제 개헌 시행, 6·29 민주화 선언 발표

 **why?** 해품사 예측 근거

6월 민주 항쟁은 1년에 최소 2회 이상은 반드시 출제되는 현대 파트의 대표적인 빈출 주제로, 크게 4·19 혁명, 5·18 광주 민주화 운동, 6월 민주 항쟁을 출제합니다. 특히 최근 기출에서 4·19 혁명 및 6월 민주 항쟁이 이미 출제되었기 때문에, 5·18 광주 민주화 운동에 더욱 주목하는 것을 권장합니다. 단, 역대 기출에서 6월 민주 항쟁을 2연속 출제한 사례도 가끔 있었기 때문에, 가장 빈출도가 높은 6월 민주 항쟁도 같이 복습하는 것을 권장합니다.

→ ***통수 대비 키워드란?** 저격 키워드 대신 기습적으로 출제될 수 있는 유력 키워드로, 출제 확률이 높을 경우 수록됩니다.

📁 여기서 무조건 나온다! 저격 키워드 기출 선지 싹 모음

선지
5·18 광주 민주화 운동 때 시위 과정에서 시민군이 자발적으로 조직되었다. (55, 64, 66, 68, 71, 72, 73, 74, 75회)
5·18 광주 민주화 운동 때 신군부의 비상계엄 확대와 무력 진압에 저항하였다. (47, 49, 51, 53, 57, 58, 60, 62, 64회)
5·18 광주 민주화 운동 관련 기록물이 유네스코 세계 기록 유산으로 등재되었다. (48, 53, 57, 58, 61, 63, 69회)

⛑ 통수 조심! 통수 대비 키워드 기출 선지 싹 모음

선지
6월 민주 항쟁 때 호헌 철폐, 독재 타도 등의 구호를 내세웠다. (48, 50, 51, 53, 55, 56, 57, 58, 59, 60, 61, 62, 66, 69, 73, 74회)
6월 민주 항쟁의 결과 5년 단임의 대통령 직선제 개헌을 이끌어냈다. (49, 50, 54, 63, 64, 65, 67, 68, 72, 73, 74, 75회)
6월 민주 항쟁 직전에 시위 도중 대학생 이한열이 희생되었다. (48, 51, 62, 69, 74회)
6월 민주 항쟁 때 박종철 고문치사 사건의 진상 규명을 요구하였다. (48, 55, 60, 62회)
6월 민주 항쟁의 결과 직선제 개헌을 약속한 6·29 선언을 이끌어냈다. (71, 73회)

저격키워드
#전두환 정부

 쉽게 나올 경우
- ✓ **정치**: 삼청 교육대 설치, 야간 통행 금지 해제, 언론 보도 지침 규정, 프로 야구단 및 축구단 출범(3S 정책)
- ✓ **경제**: 3저 호황(저유가·저금리·저달러)
- ✓ **외교**: 남북 이산가족 고향 방문단 최초 실현

 어렵게 나올 경우
- ✓ **정치**: 교복 자율화 실시, 중학교 의무 교육 최초 실시, 제8차 개헌(대통령 선거인단에서 대통령 간선제 선출, 대통령 임기 7년 단임)
- ✓ **경제**: 최저 임금제 실시
- ✓ **외교**: 서울 아시안 게임

 해품사 예측 근거

역대 정부의 업적 또는 역사적 사실 유형은 거의 매회 한 번씩은 반드시 출제되는 편입니다. 특히 올해 기출에서 이승만, 김영삼, 김대중 정부가 출제되었기 때문에, 아직 출제되지 않은 정부인 전두환 정부에 더욱 주목하는 것을 권장합니다.

 여기서 무조건 나온다! 저격 키워드 기출 선지 싹 모음

선지
전두환 정부 때 남북 이산가족 고향 방문단의 교환을 최초로 실현하였다. (47, 49, 51, 52, 53, 56, 57, 58, 59, 60, 61, 62, 63, 65, 66, 67, 68, 70, 71, 73, 74회)
전두환 정부 때 저유가·저금리·저달러의 3저 호황이 있었다. (52, 53, 60, 63, 64, 68, 70, 74회)
전두환 정부 때 저임금 노동자의 생활 안정을 위해 최저 임금법을 제정하였다. (58, 62, 63, 66, 69, 75회)
전두환 정부 때 사회 정화를 명분으로 삼청 교육대가 설치되었다. (56, 63, 71, 74, 75회)
전두환 정부 때 보도 지침으로 언론이 통제되었다. (47, 56, 68, 72회)
전두환 정부 때 프로 야구가 6개 구단으로 출범하였다. (49, 60, 63회)
전두환 정부 때 37년 만에 야간 통행 금지가 해체되었다. (60, 70회)

저격키워드
#김대중 정부

제76회 50번

- **정치**: 국민 기초 생활 보장법 제정, 노사정 위원회 신설, 금 모으기 운동 전개 → 국제 통화 기금(IMF)에 지원 자금 조기 상환
- **통일**: 최초의 남북 정상 회담 개최 → 6·15 남북 공동 선언 발표, 개성 공업 지구 조성 합의

- **정치**: 최초의 여야 평화적 정권 교체, 국가 인권 위원회 및 여성부 신설, 노사정 위원회 신설, 중학교 의무 교육 전국 시행
- **외교**: 부산 아시안 게임 개최, 한일 월드컵 개최
- **통일**: 경의선 복원 사업 시행, 금강산 해로 관광 사업 시작

통수 대비 키워드
#노태우 정부
- **정치**: 3당 합당(민주자유당 창당)
- **외교**: 북방 외교 및 국교 수립(예 소련, 중국, 헝가리 등), 서울 올림픽 개최(1988)
- **통일**: 남북한 유엔(UN) 동시 가입, 남북 사이의 화해와 불가침 및 교류·협력에 관한 합의서(남북 기본 합의서), 민족 자존과 통일 번영을 위한 7·7 선언 발표, 한반도 비핵화 공동 선언 발표
- **#해품사 암기 힌트** 유엔(남북한 유엔 동시 가입)은 기본적으로(남북 기본 합의서) 비핵화(한반도 비핵화 공동 선언)를 좋아한다.

 *통수 대비 키워드란?
저격 키워드 대신 기습적으로 출제될 수 있는 유력 키워드로, 출제 확률이 높을 경우 수록됩니다.

 **why?** 해품사 예측 근거

한능검에서는 매회 역대 정부의 업적을 묻는 유형을 평균 2문제 이상 출제해 왔으며, 특히 마지막 문제는 역대 정부의 통일 노력 사례를 출제한 경우가 많습니다. 역대 정부의 통일 노력 사례는 현대 파트의 대표적인 빈출 주제로서, 주로 노태우 정부, 김대중 정부, 노무현 정부를 중심으로 출제됩니다. 특히 올해 기출에서 노무현 정부의 통일 노력 사례가 출제되었으므로, 76회차에는 다른 정부와 관련된 유형이 출제될 가능성이 높습니다.

📁 여기서 무조건 나온다! 저격 키워드 기출 선지 싹 모음

선지
김대중 정부 때 남북 교류 협력을 위한 개성 공업 지구 조성에 합의하였다. (48, 53, 59, 60, 63, 64, 73회)
김대중 정부 때 남북 정상 회담을 최초로 개최하였다. (51, 56회)
김대중 정부 때 6·15 남북 공동 선언을 채택하였다. (58, 61, 65, 66, 68, 71회)
김대중 정부 때 남북 경제 교류 증진을 위한 경의선 복원 공사가 시작되었다. (55회)

⛑ 통수 조심! 통수 대비 키워드 기출 선지 싹 모음

선지
노태우 정부 때 한반도 비핵화 공동 선언에 합의하였다. (47, 48, 49, 50, 52, 53, 56, 61, 62, 65, 71회)
노태우 정부 때 남북한이 국제 연합(UN)에 동시 가입하였다. (49, 50, 57, 59, 61, 63, 67, 68, 73, 74회)
노태우 정부 때 남북 사이의 화해와 불가침 및 교류·협력에 관한 합의서를 채택하였다. (47, 51, 53, 57, 58, 64, 68, 71, 72회)

※ 교재 내 수록된 사진 자료 출처
 • 국사편찬위원회 우리역사넷
 • 국가유산청 국가유산포털
 • 문화체육관광부 국립중앙박물관(e뮤지엄)
 • 위키백과_퍼블릭 도메인

2025년도 제76회 저격 한국사능력검정시험

정답 및 해설

2025 제76회 저격 한국사능력검정시험

정답 및 해설

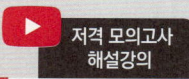

제76회 저격 한국사능력검정시험 정답 한눈에 보기

01 ②	02 ④	03 ④	04 ①	05 ③	06 ⑤	07 ⑤	08 ③	09 ②	10 ②
11 ②	12 ⑤	13 ⑤	14 ④	15 ⑤	16 ③	17 ④	18 ①	19 ④	20 ①
21 ④	22 ③	23 ②	24 ④	25 ③	26 ①	27 ④	28 ③	29 ④	30 ⑤
31 ①	32 ①	33 ①	34 ②	35 ③	36 ④	37 ①	38 ⑤	39 ⑤	40 ①
41 ⑤	42 ④	43 ①	44 ①	45 ④	46 ③	47 ②	48 ⑤	49 ④	50 ②

1. 정답 ②

문제 키워드 추출
✓ 공주 석장리, 찍개, 주먹도끼, 뗀석기

문제에서 구석기 시대의 대표적인 유적지인 공주 석장리 유적과 더불어 구석기 시대 대표적인 뗀석기인 주먹도끼와 찍개를 언급하였으므로, 구석기 시대의 생활상을 언급한 ②번 선지가 정답입니다!

선지 분석
① 청동기 시대에는 일부 지역에서 벼농사가 시작되었으며 반달 돌칼을 이용하여 벼를 수확하였다.
② 구석기 시대에는 주변의 동굴 또는 바위 그늘에 거주하거나 강가에 막집을 지어 살았다.
③ 소를 이용한 깊이갈이는 고려 시대에 이르러서야 일반화되었다.
④ 신석기 시대에는 가락바퀴와 뼈바늘을 이용하여 원시적인 수공업이 이루어졌다.
⑤ 철기 시대에는 쟁기, 쇠스랑 등 철제 농기구를 사용하여 보다 효율적으로 농사를 지었다.

➕ **해품사의 출제 저격**

1번의 구석기 시대 유형은 다른 시대에 비해 문제에서 슴베찌르개, 주먹도끼, 찍개 등의 뗀석기 키워드를 제시하고, 정답 선지로 동굴 및 막집에서 거주하였다는 사실을 제시하는 경우가 거의 대부분이기 때문에 공략하기 매우 쉬운 편입니다. 즉 한능검에서 구석기 시대를 출제할 경우, 출제 방식이 매우 단조로우므로 핵심 키워드를 확실히 암기하여 공략하는 것을 권장합니다.

2. 정답 ④

문제 키워드 추출
✓ 책화, 단궁, 반어피, 과하마

문제에서 다른 부족의 영역을 침범할 경우 소나 말 등으로 배상하는 동예의 풍습인 책화와 동예의 대표적인 특산물인 단궁, 과하마, 반어피를 언급하였으므로, 동예의 제천 행사를 언급한 ④번 선지가 정답입니다!

선지 분석
① 삼한에는 제사장인 천군이 다스리는 신성 지역인 소도가 존재하였다.
② 옥저는 여자의 나이가 열 살이 되기 전 혼인을 약속한 뒤 신랑 집에서 기르다가, 여자가 장성하면 집으로 돌아간 뒤 신랑 집에서 돈을 지불하고 다시 데려와 아내로 삼는 혼인 풍습인 민며느리제가 유행하였다.
③ 고구려는 국립 교육 기관인 태학과 미성년 학교인 경당을 운영하였다.
④ 동예는 매년 10월에 하늘에 제사를 지내고 밤낮 없이 술을 마시며 노래를 부르는 제천 행사인 무천을 열었다.

⑤ 부여는 가축의 이름을 딴 마가·우가·저가·구가 등의 가(加)들이 지방 관할 구획인 사출도를 다스렸다.

➕ 해품사의 출제 저격

여러 국가의 성장과 관련된 유형은 각 국가와 관련된 관직, 지역, 특산물, 풍습 등 다양한 키워드를 활용하여 출제될 가능성이 높은 편입니다. 단, 가끔씩 난도를 높이기 위해 각 국가와 관련된 대표 사료를 활용한 문제를 출제할 수 있기 때문에, 각 국가와 관련된 사료를 한 번씩이라도 읽어보는 것을 권장합니다. 특히 읍군과 삼로라는 키워드는 옥저 및 동예에 모두 해당하는 키워드이므로, 다른 결정적인 키워드를 통해 두 국가를 구별하는 것이 중요합니다.

3. 정답 ④

문제 키워드 추출
☑ 고국원왕의 아들, 순도

문제에서 언급된 고국원왕의 아들은 고구려 소수림왕이며, 순도는 소수림왕 시기 고구려에 불교를 전파한 중국 전진의 승려입니다. 따라서 고구려 소수림왕 때 통치 체제를 정비한 사실을 언급한 ④번 선지가 정답입니다.

선지 분석
① **고구려 광개토 대왕**은 우리나라 역사상 최초로 독자적인 연호인 **영락**을 사용하였다.
② **고구려 장수왕**은 **남진 정책**을 추진하기 위해 **국내성에서 평양으로 천도**하였다.
③ **고구려 고국천왕** 때 흉년 또는 춘궁기에 곡식을 빌려주고 가을에 갚는 방식의 **빈민 구제 제도**인 **진대법**을 실시하였다.
④ 고구려 **소수림왕**은 고국원왕의 뒤를 이어 즉위한 후, **불교 공인, 율령 반포, 태학 설립** 등의 정책을 실시하여 국가를 정비하였다.
⑤ 고구려 **영류왕** 때 당의 침략에 대비하기 위해 **부여성에서 비사성에 이르는 천리장성 축조**를 시작하였다(**보장왕** 때 완성).

➕ 해품사의 출제 저격

삼국 시대의 왕 업적 유형은 각 왕의 활동과 관련된 특정 사료 또는 키워드를 활용하여 출제될 가능성이 높습니다. 특히 고구려 소수림왕을 출제할 경우 자주 언급되는 키워드를 그대로 응용하여 출제될 가능성이 높으므로, 불교 수용, 율령 반포, 태학 설립이라는 핵심 키워드를 반드시 기억하는 것을 권장합니다.

4. 정답 ①

문제 키워드 추출
☑ 금제 사리봉영기

금제 사리봉영기는 익산 미륵사지 석탑 내부에서 발견된 금판으로, 석탑의 건립 연도가 639년임을 보여주는 대표적인 증거입니다. 따라서 미륵사지 석탑 사진이 제시된 ①번 선지가 정답입니다!

선지 분석
① 익산 미륵사지 석탑(백제)
② 경주 분황사 모전 석탑(신라)
③ 경주 불국사 삼층 석탑(통일 신라)
④ 부여 정림사지 오층 석탑(백제)
⑤ 경주 감은사지 삼층 석탑(통일 신라)

➕ 해품사의 출제 저격

백제의 문화유산 유형은 문제 및 정답 키워드로 고대의 불상, 유물, 탑의 사례를 주로 제시합니다. 특히 삼국 시대 문화유산의 경우 다른 시대와 달리 고구려, 백제, 신라, 가야 등 특정 국가의 사례를 정확히 파악하는 것이 중요하기 때문에 체감상 다른 시대보다 난도가 높을 수 있습니다.

5. 정답 ③

문제 키워드 추출
☑ 9주, 서원 소경, 남원 소경

문제에서 통일 신라 신문왕이 재위한 당시 정비한 지방 행정 구역인 9주와 신문왕이 함께 정비한 지방 행정 구역인 5소경에 속하는 서원 소경과 남원 소경이 언급되었습니다. 따라서 신문왕 때 시행한 개혁과 관련 사례를 다룬 ③번 선지가 정답입니다!

선지 분석
① 신라 법흥왕 때 군사에 대한 사무를 관장하는 관청인 병부가 설치되었으며, 법령인 율령이 반포되었다.
② 신라 지증왕 때 이사부를 파견하여 현재의 울릉도인 우산국을 신라의 영토로 복속하였다.
③ 통일 신라 신문왕 때 귀족들에게 관료전을 지급하며 기존의 귀족들의 경제적 기반인 녹읍을 폐지하였다.
④ 신라 진흥왕 때 거칠부에게 명하여 역사서인 『국사』를 편찬하였다.
⑤ 통일 신라 원성왕 때 유교 경전의 독해 능력에 따라 3등급으로 나눠 관리를 선발하는 제도인 독서삼품과를 시행하였다.

➕ 해품사의 출제 저격
통일 신라 신문왕은 정치, 경제, 문화유산 등 다양한 키워드를 활용하여 출제할 수 있습니다. 특히 최근 기출에서는 시대 통합형 유형에서 신문왕의 업적을 대표 키워드로 연계한 사례가 많았기 때문에, 만약 76회차에 출제될 경우 단일 왕 업적 유형으로 출제될 가능성이 있습니다.

6. 정답 ⑤

문제 키워드 추출
☑ 부석사, 당에 가서 화엄학을 공부함

문제에서 의상이 창건한 사찰인 부석사와 당나라에서 화엄학을 공부하고 귀국한 의상의 활동 사례를 제시하였으므로, 의상이 화엄 사상을 정리한 그림 시가 언급된 ⑤번 선지가 정답입니다!

선지 분석
① 신라의 혜초는 고대 인도 및 중앙아시아의 국가들을 답사한 뒤 기행문인 『왕오천축국전』을 저술하였다.
② 신라 선덕 여왕 때 자장이 나라를 지키기 위한 목적으로 황룡사 구층 목탑의 건립을 건의하였다.
③ 신라의 원효는 불교 대중화를 위해 불교 교리를 담은 노래인 무애가를 지었다.
④ 신라의 원광은 사군이충, 사친이효, 교우이신, 임전무퇴, 살생유택으로 구성된 세속 5계라는 화랑의 규율을 제시하였다.
⑤ 신라의 의상은 당에서 화엄학을 공부한 뒤 국내에 귀국하여 『화엄일승법계도』라는 그림 시를 지어 화엄 사상을 정리하였다.

➕ 해품사의 출제 저격
한능검에서 고대의 승려를 출제할 경우, 주로 의상 또는 원효를 출제할 가능성이 높습니다. 이를 쉽게 구별하기 위해 의상의 경우 당나라에서 유학한 사실을 기억할 필요가 있습니다. 특히 의상을 출제한다면 문제에서 부석사 등 사찰 키워드를 직접적으로 언급할 가능성이 높으며 정답 키워드로는 『화엄일승법계도』가 가장 많이 활용되는 편입니다.

7. 정답 ⑤

문제 키워드 추출
☑ 법화원, 문성왕

문제에서 통일 신라의 장보고가 중국의 산둥반도에 창건한 사찰인 법화원과 통일 신라의 왕인 문성왕을 키워드로 제시하였기 때문에, 통일 신라의 토지 문서와 관련된 사례가 언급된 ⑤번 선지가 정답입니다!

선지 분석
① 가야는 철을 많이 생산하였기 때문에 덩이쇠를 화폐로 사용하였으며, 낙랑과 왜 등 주변 국가에 철을 수출하기도 하였다.

② 고려 성종 때 우리나라 최초의 화폐인 건원중보가 주조되었다.
③ 고구려는 집집마다 부경이라는 창고를 통해 곡식을 저장하였다.
④ 발해에서는 다양한 특산품이 생산되었는데, 대표적으로 15부 중 하나인 솔빈부의 말이 유명하였다.
⑤ 통일 신라의 경제 상황을 보여주는 촌락 문서(민정 문서)는 조세 수취와 노동력 동원에 활용될 목적으로 작성되었다.

➕ 해품사의 출제 저격

한능검에서 고대의 경제 유형은 주로 통일 신라의 경제 상황을 출제하는 경우가 많습니다. 만약 한능검에서 이 유형을 출제할 경우 무역항, 외교, 촌락 문서 등 자주 출제되는 키워드가 있으므로 관련 내용을 반드시 암기하는 것을 권장합니다. 특히 통일 신라의 경제 유형에서는 장보고, 최치원 등 통일 신라의 대표 인물을 문제 키워드로 제시할 가능성도 있으니 함께 기억할 필요가 있습니다.

8. 정답 ③

문제 키워드 추출
☑ 6두품 출신 학자, 빈공과 급제, 격황소서

문제에서 언급된 6두품 출신 학자와 빈공과 급제는 최치원의 신분과 대표적인 활동을 나타내는 키워드입니다. 또한 「격황소서」는 최치원이 황소의 난을 진압하기 위한 목적으로 작성한 글이므로 최치원이 지은 대표적인 글과 관련된 사례를 언급한 ③번 선지가 정답입니다!

선지 분석
① 김대문은 약 7~8세기에 활동한 문장가로, 화랑의 업적에 대해 다룬 전기인 『화랑세기』와 승려들의 전기를 다룬 『고승전』을 저술하였다.
② 신라의 강수는 당나라에 붙잡힌 김인문을 석방시킬 것을 요구하는 외교 문서(「청방인문표」)를 작성하였다.
③ 통일 신라의 최치원은 진성 여왕에게 정치 개혁안인 시무책 10여 조를 건의하였다.
④ 통일 신라 후기에 참선과 수행을 중시하는 불교 종파인 선종이 유행하였으며, 선종 불교 집단인 9산 선문의 하나인 가지산문은 도의를 개조로 가지사에서 개창되었다.
⑤ 신라의 설총은 한자의 음과 훈을 빌려 우리말을 표기할 수 있는 표기법인 이두를 정리하였다.

➕ 해품사의 출제 저격

인물 유형은 기본적으로 다양한 출제 방식을 활용하여 특정 인물의 키워드를 반드시 제시합니다. 고대의 경우 공략할 인물이 비교적 많지 않기 때문에, 오히려 정답 선지보다 오답 선지로 자주 언급되는 인물들의 키워드를 혼동하지 않도록 주의할 필요가 있습니다. 특히 최치원의 경우 시무책 10여 조와 6두품이라는 키워드가 직접적으로 언급될 가능성이 높습니다.

9. 정답 ②

문제 키워드 추출
☑ 대문예, 흑수 말갈 정벌, 당과 원수를 짐

문제에서 발해 무왕 대의 흑수 말갈 정벌과 그 당시 당나라와 적대적인 입장을 유지한 사실, 그리고 흑수 말갈 정벌을 반대하다 당으로 망명한 대문예를 제시하였으므로, 발해 무왕 때의 대외 정벌 사례를 언급한 ②번 선지가 정답입니다!

선지 분석
① 고구려 유민 출신인 대조영은 만주에 위치한 지린성 동모산에서 발해를 건국하였다.
② 발해 무왕은 장문휴를 파견하여 중국 산둥반도에 위치한 당나라의 등주를 선제 공격하였다.
③ 발해의 무왕과 문왕은 차례대로 인안과 대흥이라는 독자적인 연호를 사용하였다.
④ 발해 문왕 때 국가의 체제 정비를 위해 중경 현덕부에서 상경 용천부로 천도를 단행하였다.
⑤ 발해 선왕 때 5경 15부 62주의 지방 통치 제도를 정비하였다.

➕ 해품사의 출제 저격

발해는 대표 왕의 업적, 문화유산, 외교, 정치 등 여러 키워드를 활용하여 출제할 수 있습니다. 특히 대표 왕 업적 유형을 출제할 경우 각 왕 관련 대표 키워드(무왕-장문휴의 등주 공격, 문왕-상경 용천부 천도 등) 및 연호(무왕-인안, 문왕-대흥, 선왕-건흥)를 구별할 수 있도록 반드시 암기하는 것을 권장합니다.

10. 정답 ②

문제 키워드 추출
✓ 태봉, 철원

문제에서 궁예가 건국한 후고구려의 대표적인 국호 및 수도인 태봉과 철원을 언급하였으므로 후고구려의 최고 중앙 관서가 언급된 ②번 선지가 정답입니다!

선지 분석
① 후백제를 건국한 견훤은 중국과의 외교를 수행하여 중국의 후당과 오월에 사신을 파견하여 교류하였다.
② 궁예는 후고구려의 최고 중앙 관서로 광평성이라는 기구를 설치하였다.
③ 후백제의 견훤은 고려와의 전투 중 공산 전투에서 승리하였고, 고창 전투에서 패배하였다.
④ 고려의 왕건은 일리천 전투를 통해 후백제의 신검이 이끄는 군대에 승리하였다.
⑤ 후백제의 견훤은 신라의 경주 내에 위치한 포석정을 습격하여 연회를 즐기던 경애왕을 살해한 뒤 경순왕을 즉위시켰다.

➕ 해품사의 출제 저격

최근 후삼국 파트에서 인물 유형을 출제할 경우, 각 인물이 세운 국가와 관련된 키워드 또는 각 국가 간의 전투 사례를 언급하는 비중이 늘어났습니다. 실제로 한능검에서는 궁예를 출제할 경우 태봉(국호), 철원(수도), 무태(연호) 등 궁예가 건국한 국가와 관련된 키워드를 주요 키워드로 제시합니다. 반대로 견훤 또는 왕건을 출제할 경우 공산 전투와 고창 전투의 승리와 패배 키워드를 언급할 수 있습니다.

11. 정답 ②

문제 키워드 추출
✓ 쌍기, 과거

문제에서 언급한 쌍기는 중국 후주 출신의 인물입니다. 고려에 귀화한 쌍기는 관리 임용 제도인 과거제를 건의하여 고려 광종이 과거제를 시행하는 데 영향을 끼쳤습니다. 따라서 광종이 사용한 독자적인 연호를 언급한 ②번 선지가 정답입니다!

선지 분석
① 고려 예종 때 관학 진흥을 위해 국자감 내에 장학 재단인 양현고와 전문 강좌인 7재를 마련하였다.
② 고려 광종 때 왕권 강화를 위해 광덕, 준풍 등의 독자적인 연호를 사용하였다.
③ 고려 왕건 때 관리의 규범을 제시할 목적으로 『정계』 및 『계백료서』가 반포되었다.
④ 고려 경종은 전시과 제도를 처음 시행하여 관리에게 농경지인 전지와 땔감을 거둘 수 있는 시지에 대한 수조권을 지급하였다.
⑤ 고려 성종은 최승로의 시무 28조를 받아들여 전국에 12목을 설치하고, 국자감을 설립하여 유학 교육을 강화하였다.

➕ 해품사의 출제 저격

고려 전기의 왕 업적 유형은 주로 왕건, 광종, 성종의 업적을 파악하는 단일 유형 또는 왕건~현종의 업적의 흐름을 파악하는 유형으로 출제됩니다. 특히 한능검에서 고려 광종을 출제할 경우 광덕, 준풍 등 연호 키워드가 직접적으로 언급될 가능성이 높습니다.

12. 정답 ⑤

문제 키워드 추출
✓ 망이·망소이

문제에서 무신 정권 시기 정중부 정권 때 특수 행정 구역에 대한 차별에 불만을 품고 반란을 주도한 인물인 망이·망소이가 언급되었으므로, 무신 정권 시기

특수 행정 구역인 소에 대한 차별을 언급한 ⑤번 선지가 정답입니다!

선지 분석

① 고려 문종 때 **최충**은 최초의 사립 교육 기관인 **문헌공도(9재 학당)**를 설립하였다.

② 고려 태조 왕건 때 봄에 곡식을 빌려주고 가을에 갚는 진휼 기관인 **흑창**을 설치하였다.

③ 통일 신라 후기의 진성 여왕 때 중앙 집권의 약화 및 조세 수탈의 심화로 인해 **원종과 애노의 난** 및 **적고적의 난** 등의 민란이 발생하였다.

④ 원 간섭기에 원나라는 일본 원정을 대비하기 위해 **정동행성**을 설치하였다.

⑤ 고려 시대에 특수 행정 구역인 **향·소·부곡**의 백성들은 사회적으로 **차별**받았으며 이러한 **특수 행정 구역에 대한 차별**에 반발하여 **무신 정권** 시기인 **정중부 정권** 때 공주 **명학소**에서 **망이·망소이의 난**이 발생했다.

➕ **해품사의 출제 저격**

무신 정권 유형의 경우 집권자별 대표 반란 사례와 업적을 구별하는 것이 중요하며, 특히 각 반란과 관련된 대표 사료들이 있기 때문에 사료 원문을 한 번씩이라도 읽는 것을 권장합니다. 또한 최근 회차에 무신 정권의 역사적 사실과 관련된 흐름형 유형이 출제되었으므로, 76회차에는 무신 정권과 관련된 단순 역사적 사실 유형 또는 특정 무신 정권 집권자와 관련된 업적 유형이 출제될 가능성이 있다고 예상됩니다.

13. 정답 ⑤

문제 키워드 추출

☑ **신기군, 신보군, 항마군**

문제에서 별무반을 구성하는 신기군(기병), 신보군(보병), 항마군(승병)이 언급되었으므로, 별무반의 활약과 관련된 사실을 제시한 ⑤번 선지가 정답입니다!

선지 분석

① 고려 정종 때 거란의 침략에 대비하기 위하여 **광군**을 조직하였다.

② 무신 정권 시기 최우가 치안 유지를 위해 설치한 **야별초**가 좌별초와 우별초로 나뉘고, 이후 몽골군의 포로였다가 탈출한 신의군이 더해져 구성된 **삼별초**는 최씨 정권의 군사적 기반으로 작용하였다.

③ 조선 세종 때 **최윤덕**과 **김종서**를 파견하여 여진을 정벌한 뒤 두만강과 압록강 유역을 개척하여 **4군 6진**을 설치하였다.

④ 고려의 지방군인 **주진군**은 국경 지역인 북계와 동계에 배치되었다.

⑤ 고려 예종 때 윤관은 별무반을 이끌고 **여진**을 정벌한 뒤, **동북 9성**을 축조하고 고려의 영토 경계를 알리는 비석을 세웠다.

➕ **해품사의 출제 저격**

고려의 외세 방어 유형에서 **여진**을 출제할 경우, 별무반 또는 윤관을 키워드로 제시하거나, 윤관의 여진 정벌 과정을 흐름형 유형으로 출제할 수 있습니다. 특히 군대의 창설 시기(숙종)와 여진 정벌 시기(예종)를 혼동하지 않도록 주의할 필요가 있습니다. 또한 최근 기출 경향상 여진에 대한 고려의 대응과 조선의 대응 사례를 정확히 구별해야 풀이할 수 있는 유형이 가끔 출제되기 때문에, 사례를 정확히 구별할 필요가 있습니다(예: 별무반 창설은 고려 시대, 4군 6진 개척은 조선 시대).

14. 정답 ④

문제 키워드 추출

☑ **원의 간섭을 받던 시기, 이암이 우리나라에 소개했다고 전해지는 농서**

문제에서 원 간섭기에 이암이 우리나라에 농서 『**농상집요**』를 전래한 일과 원이 고려에 내정 간섭을 하던 원 간섭기의 특징이 언급되었으므로, 원 간섭기 때 유행한 몽골풍을 언급한 ④번 선지가 정답입니다!

선지 분석

① 최충헌 정권 때 **만적** 등 노비들이 신분 해방을 도모하며 반란을 모의하다 발각되었다.

② 조선 명종 때 기근과 흉년에 대비하는 방법을 정리한 『**구황촬요**』가 간행되었다.

③ 고려 숙종 때 승려 **의천**은 **교종과 선종을 통합**을 추구하며 **선종을 통합**하기 위하여 **해동 천태종**을 창시하였다.
④ **원 간섭기** 때 지배층을 중심으로 **원의 풍습**을 따라 **변발과 호복이 유행**하였다.
⑤ 고려 현종 때 **거란의 침략을 방어**하기 위한 염원을 담아 불교 경전인 『**초조대장경**』이 조판되었다.

➕ 해품사의 출제 저격

원 간섭기의 사회상 유형은 원 간섭기 시기의 관제 격하, 영토 상실, 원나라의 간섭 사례와 관련된 키워드를 전반적으로 공략하는 것이 중요합니다. 특히 이 유형을 출제할 때, 고려 전기의 역사적 사실, 무신 정권 시기의 역사적 사실과 시기를 혼동하지 않도록 주의할 필요가 있습니다.

15. 정답 ⑤

문제 키워드 추출
☑ 양계와 5도, 은병

문제에서 고려 시대의 지방 행정 제도인 양계와 5도, 고려 숙종 때 발행된 화폐인 은병(활구)을 언급하였으므로, 고려 시대의 또 다른 대표적인 화폐를 언급한 ⑤번이 정답입니다!

선지 분석
① 조선 후기에는 농법 및 수리 시설의 발달 등으로 인해 **모내기법이 전국적으로 확산**되었다.
② 조선 후기에는 매점매석을 통해 이익을 얻은 **도고**가 출현하였다.
③ 조선 세종 때 **염포, 제포, 부산포의 삼포를 개항**하여 **일본과 교역**하였다.
④ 신라 지증왕 때 기존의 시장을 개편하여 동시를 개설한 뒤, 이를 감독하는 관청인 **동시전**을 설치하였다.
⑤ **고려의 경제 상황**을 보여주는 대표적인 사례는 고려 숙종 때 화폐 주조를 위해 **주전도감**을 설치한 뒤, **삼한통보, 해동통보, 활구(은병)** 등 다양한 **화폐를 주조**한 사실을 들 수 있다.

➕ 해품사의 출제 저격

고려의 경제 상황 유형은 주로 10번대에서 출제되며, 만약 해당 번호대의 문제에서 경제 상황을 언급하였을 경우, 빈출 정답 관련 8가지 키워드만 암기하더라도 쉽게 풀이가 가능합니다(8가지 키워드: 건원중보, 해동통보, 활구, 예성강의 벽란도, 경시서, 관영 상점 운영, 전시과 - 전지 및 시지 지급).

16. 정답 ③

문제 키워드 추출
☑ 기철과 그 일당들을 반역죄로 숙청, 정동행성 이문소도 철폐

문제에서 공민왕의 대표적인 반원 정책 사례인 기철의 숙청과 정동행성 이문소를 폐지한 사건을 언급하였으므로, 공민왕 때 시행된 영토 수복 정책 사례를 다룬 ③번이 정답입니다!

선지 분석
① 고려 공양왕 때 조준 등의 건의로 시행한 **과전법**은 토지 지급 범위를 **경기로 한정**하였다.
② 고려의 충목왕은 불법 토지 등의 문제를 해결하기 위한 **폐정 개혁 기관**인 **정치도감**을 설치하였다.
③ 고려 **공민왕** 때 유인우, 이자춘 등이 원나라가 세운 **쌍성총관부를 공격**하여 **철령 이북의 땅을 수복**하였다.
④ 이제현은 고려 충선왕이 원의 연경에 세운 **만권당**에서 원의 학자들과 교류하였다.
⑤ 고려 우왕 때 최영은 명의 철령위 설치에 반발하여 **요동 정벌**을 추진하였다.

➕ 해품사의 출제 저격

고려 **공민왕**의 대표적인 업적 키워드는 주로 반원 정책과 관련된 사례가 많습니다. 즉, 대부분의 키워드가 원 간섭기의 사회상 유형 키워드와 상반되기 때문에, 원 간섭기의 사회상 유형을 반대로 생각하여 키워드를 암기하면 쉽게 접근할 수 있습니다.

17. 정답 ④

문제 키워드 추출
✓ 왕명을 받아 편찬, 묘청의 난을 진압, 유교 사관을 바탕으로 삼국의 역사를 충실히 기록

문제에서 인종의 명으로 편찬된 『삼국사기』의 편찬 배경과 묘청의 난 진압이라는 『삼국사기』의 저자 김부식의 활동이 제시되었습니다. 또한 유교 사관을 바탕으로 삼국의 역사를 충실히 기록한 『삼국사기』의 편찬 과정이 언급되었으므로, 『삼국사기』의 서술 방식을 언급한 ④번 선지가 정답입니다!

선지 분석
① 일연의 『삼국유사』와 이승휴의 『제왕운기』는 공통적으로 단군의 고조선 건국 역사를 수록하였다.
② 청주 흥덕사에서 간행된 『직지심체요절』은 현존하는 가장 오래된 금속 활자본으로, 유네스코 세계 기록 유산에 등재되었다.
③ 이규보의 『동명왕편』은 고구려를 건국한 동명왕의 일대기를 다룬 장편 서사시로, 고구려를 계승하는 고려인의 자부심을 강조하였다는 특징이 있다.
④ 김부식의 『삼국사기』는 유교 사관에 입각하여 본기·열전·지·연표로 나누어 기록하는 기전체 형식으로 구성되었다.
⑤ 일연의 『삼국유사』는 고조선의 역사, 불교사를 비롯하여 다양한 민간 설화를 수록하였다.

➕ 해품사의 출제 저격
고려 시대의 기록 유산 유형은 주로 10번대에서 출제되며, 각 기록 유산의 저자, 특징, 의의 관련 키워드를 구별하는 것이 중요합니다. 특히 『삼국사기』는 『삼국유사』와 혼동하기 쉽기 때문에 대표 키워드를 통해 구별(『삼국사기』-기전체 형식, 왕명에 의해 편찬, 『삼국유사』-기이편, 불교 이야기 수록 등)하는 것을 권장합니다.

18. 정답 ①

문제 키워드 추출
✓ 예산 수덕사 대웅전, 수월관음도

문제에서 '충렬왕 34년'이라는 건립 연도를 정확히 알 수 있는, 고려 시대의 대표적인 주심포 양식의 건축물인 예산 수덕사 대웅전과 고려 시대의 대표적인 불화인 수월관음도를 제시하였으므로, 고구려의 문화유산인 ①번 선지가 정답입니다!

선지 분석
① 금동 연가 7년명 여래 입상(고구려)
② 청동 은입사 포류수금문 정병(고려)
③ 평창 월정사 팔각 구층 석탑(고려)
④ 영주 부석사 소조 여래 좌상(고려)
⑤ 나전 국화 넝쿨무늬 합(고려)

➕ 해품사의 출제 저격
고려의 문화유산 유형은 문제 및 정답 키워드로 고려 시대의 다양한 문화유산을 제시합니다. 이때 언급할 수 있는 문화유산은 건축물, 도자기, 불상, 불화, 탑 등 다양하기 때문에 최대한 많은 문화유산을 암기하는 것을 권장합니다.

19. 정답 ④

문제 키워드 추출
✓ 제2차 왕자의 난

문제에서 정종 때 왕위 계승을 놓고 이방원과 이방간 사이에 발생한 전투 사례인 제2차 왕자의 난을 힌트로 언급하였으므로 태종 때의 정치 기구 개편을 언급한 ④번 선지가 정답입니다!

선지 분석
① 고려 우왕 때 최무선은 왜구 격퇴를 위한 화약 및 화포 개발을 목적으로 화통도감의 설치를 건의하였다.
② 조선 선조 때 발생한 임진왜란 당시 일본의 조총 부대에 대비하기 위해 포수, 사수, 살수로 구성된 훈련도감이 창설되었다.

③ 조선 세종 때 우리나라의 실정에 맞는 역법서인 『칠정산』을 간행하였다.
④ 조선 **태종** 때 기존 감찰 역할을 담당하던 **낭사를 사간원으로 독립**시켜 언론 기구의 역할을 담당하게 하였다.
⑤ 조선 세조 때 현직 관리에게만 수조지를 지급하는 **직전법**을 실시하며 **수신전과 휼양전을 폐지**하였다.

➕ 해품사의 출제 저격

한능검에서 조선 **태종**을 출제할 경우 왕자 시절에 주도한 두 차례의 난을 연계하여 문제 키워드로 제시한 유형이 상당히 많습니다. 그러므로 한능검에서 왕자의 난이라는 키워드가 언급될 경우 태조(이성계) 및 정종 때 발생한 왕자의 난에서 모두 승리한 태종(이방원)을 떠올리는 것을 추천합니다.

20. 정답 ①

문제 키워드 추출
✓ 은대, 승지

문제에서 승정원의 별칭인 은대와 승정원의 대표 직책인 승지를 언급하였으므로, 승정원의 대표적인 기능을 언급한 ①번 선지가 정답입니다!

선지 분석
① **조선의 승정원**은 일종의 **왕의 비서 기관**으로서 **왕명 출납**을 담당하였다.
② 조선의 한성부는 수도의 행정 및 치안 등 수도에 대한 전반적인 업무를 관할하였다.
③ 조선의 사간원은 사헌부, 홍문관과 함께 조선 시대의 언론 기구인 삼사로 불렸다.
④ 조선의 비변사는 중종 때 발생한 **삼포 왜란**을 계기로 **임시 기구로 설치**되었으며, 명종 때 발생한 **을묘왜변**을 계기로 **상설 기구화**되었다.
⑤ 조선의 춘추관은 당대의 정치를 기록하는 역할을 하던 기관으로, 『조선왕조실록』 편찬 실무도 담당하였다.

➕ 해품사의 출제 저격

조선 시대의 중앙 정치 기구 유형의 경우 각 기구와 관련된 대표 직책, 별칭, 역할 관련 키워드를 파악하는 것이 중요합니다. 특히 **승정원**은 대표 직책(승지) 및 별칭(은대)을 대표 힌트로 제시할 가능성이 높습니다.

21. 정답 ④

문제 키워드 추출
✓ 김종직, 조의제문, 지금 임금이 도리를 잃어 정치가 혼란, 진성 대군

(가) 무오사화(조선 제10대 왕 연산군, 1498)
(나) 중종반정(조선 제10대 왕 연산군, 1506)

(가)의 김종직은 조선 제9대 왕인 성종 때 등용된 대표적인 사림파 출신으로, 중국 초나라 황제인 의제를 애도하는 글인 「조의제문」을 작성한 인물입니다. 이후 「조의제문」은 훈구파에 의해 단종의 왕위를 찬탈한 수양 대군을 비판하는 글이라는 평가를 받아 무오사화의 원인이 되므로 (가)는 무오사화와 관련된 내용입니다. 또한 (나)에는 연산군의 폭정을 비판하는 내용과 중종의 즉위 이전 호칭인 진성 대군을 추대한다는 내용이 힌트로 제시되므로 (나)는 1506년에 일어난 사건인 중종반정과 관련된 내용임을 알 수 있습니다. 따라서 1504년 연산군 때 일어난 사건인 갑자사화와 관련된 ④번이 정답입니다!

선지 분석
① 조선 세조 때 성삼문 등 사육신이 **단종 복위 운동**을 추진하다가 처형되었다(이전, 1456).
② 조선 명종 때 이른바 **대윤과 소윤**으로 불리는 외척 간의 정치적 대립의 결과 **을사사화**가 발생하였다(이후, 1545).
③ 조선 중종 때 위훈 삭제와 현량과 실시를 건의한 조광조를 견제하기 위해 훈구파의 주도로 **기묘사화**가 발생하였다(이후, 1519).
④ **조선 연산군** 때 **폐비 윤씨 사사 사건**을 빌미로 **갑자사화**가 발생하여 훈구파를 비롯한 사림파 세력이 동시에 숙청되었다(1504).
⑤ 조선 숙종 때 발생한 **기사환국**의 결과 **인현 왕후가 폐위**되고 남인이 권력을 차지하였다(이후, 1689).

➕ 해품사의 출제 저격

조선 시대의 사화 유형은 주로 흐름형 유형으로 출제되며, 특히 **갑자사화**의 경우 폐비 윤씨 사사 사건이 문제 또는 정답 키워드로 반드시 언급됩니다. 가끔 기출에서 이를 어렵게 출제하기 위해 어머니가 폐위된 것에 대한 진상을 규명한다 등 간접적인 표현으로 응용하여 출제한 사례도 있으니 함께 기억해 두어야 합니다.

22. 정답 ③

문제 키워드 추출
✓ **남한산성**

문제에서 1636년에 일어난 병자호란이 전개되던 당시 대표적인 항전 장소인 남한산성을 힌트로 제시하였으므로, 병자호란 이후 즉위한 효종 때 청나라를 정벌하려는 북벌 정책 사례를 언급한 ③번 선지가 정답입니다!

선지 분석
① 조선 광해군 때 **명과 후금** 사이에서 **중립 외교**를 주도하였으며, 명과 후금 사이에 일어난 **사르후 전투에 강홍립 부대를 파견**하기도 하였다(이전, 1619).
② 조선 광해군 때 발생한 **계축옥사**의 결과 이복동생인 **영창 대군이 사사**되고, 계모인 **인목 대비**는 덕수궁 석어당에 유폐되었다(이전, 1613).
③ 조선 효종 때 **병자호란** 이후 청에 볼모로 갔던 봉림 대군이 효종으로 즉위한 후 **어영청**을 중심으로 **송시열, 이완** 등과 북벌을 추진하였다.
④ 조선 세종 때 **최윤덕**을 파견하여 올라산성에서 여진족 이만주 부대를 정벌하였으며 이후 **4군**을 설치하였다(이전, 15세기).
⑤ 조선의 **비변사**는 중종 때 발생한 **삼포 왜란**을 계기로 **임시 기구로 설치**되었으며, 명종 때 발생한 **을묘왜변**을 계기로 **상설 기구화**되었다(이전, 1510).

➕ 해품사의 출제 저격

병자호란 유형은 특정 전투 사례나 의병장(또는 장수)에 대해 전반적으로 파악하는 사실형 유형 또는 병자호란 전후 관련 역사적 사실을 파악하는 흐름형 유형으로 나눠 출제합니다. 특히 흐름형 유형을 출제할 경우 인조반정 → 이괄의 난 → 정묘호란 (정봉수와 이립의 용골산성 항쟁) → 병자호란의 전개 → 북벌 및 북학론 대립의 흐름을 추가적으로 암기하는 것을 권장합니다.

23. 정답 ②

문제 키워드 추출
✓ **수원 화성, 장용영**

문제에서 조선 정조 때 건립된 대표적인 문화유산인 수원 화성과 정조 때 편성된 국왕 호위 부대인 장용영을 언급하였으므로, 정조 때 시행된 관리 교육 제도를 언급한 ②번 선지가 정답입니다!

선지 분석
① 조선 성종 때 육전 체제로 구성된 **조선의 첫 공식 법전**인 『**경국대전**』이 완성되었다.
② 조선 **정조** 때 창덕궁 내부에 왕실 도서관인 **규장각**이 설치되었으며, 규장각은 젊은 관리를 재교육하는 **초계문신제**를 담당하였다.
③ 조선 영조 즉위 이후 **영조를 지지했던 노론**이 권력을 차지하며 세력이 약화된 **소론이 영조의 즉위를 비판**하며 반란을 주도하였다. **이인좌의 난** 또한 권력에서 배제된 **소론과 남인의 과격파**가 연합하여 벌인 반란이다.
④ 조선 숙종 때 **청나라와의 국경을 확정**하기 위해 **압록강과 토문강을 경계로 백두산정계비**를 세워 국경을 표시하였다.
⑤ 조선 철종 때 **임술 농민 봉기**가 발생하자 안핵사로 파견된 **박규수**는 삼정의 문란을 해결하고자 **삼정이정청의 설치**를 건의하였다.

➕ 해품사의 출제 저격

한능검에서 조선 **정조**를 출제할 경우 가족, 기록 유산, 문화유산과 관련된 키워드를 다양하게 제시합니다. 특히 일부 키워드의 경우 실학파 인물 유형(예) 박제가, 정약용)과 연계할 수 있습니다.

24. 정답 ④

문제 키워드 추출
- ✓ 방납의 폐단을 혁파, 선혜청, 경기도 내에 시범적으로 실시

문제에서 대동법의 시행 원인인 방납의 폐단과 대동법 시행 이후 조세 수취를 담당한 선혜청, 광해군 때 경기도에서 시범적으로 운영된 사실을 제시하였으므로, 대동법의 시행의 영향을 언급한 ④번 선지가 정답입니다!

선지 분석
① 흥선 대원군 집권 때 **양반에게도 군포를 부과**하는 **호포제**를 시행하였다.
② 조선 인조 때 **풍흉에 관계없이 전세를 1결당 4~6두로 고정**시키는 **영정법**을 시행하였다.
③ 조선 영조 때 **균역법**이 시행으로 부족해진 재정을 충당하기 위해 **선박세, 어장세(고기잡이에 대한 세금), 염세(소금세)** 등 여러 잡세를 국가 재정으로 귀속시켰다.
④ **대동법** 시행 이후 기존의 공납을 대신 담당하기 위해 어용 상인인 **공인이 등장**하였다.
⑤ 조선 세조 때 현직 관리에게만 토지를 지급하는 **직전법**을 실시하며 **수신전과 휼양전을 폐지**하였다.

➕ 해품사의 출제 저격

한능검에서 **대동법**을 출제할 경우 문제 키워드로 방납(공납)의 폐단 또는 특산물을 쌀, 베, 동전 등으로 대신 납부하였다는 사실을 주로 제시하며, 정답 키워드로는 공인의 출현 배경을 언급할 가능성이 높습니다.

25. 정답 ⑤

문제 키워드 추출
- ✓ 만상

문제에서 조선 후기에 활동한 대표적인 상인으로, 청과 무역을 전개한 만상(의주 중심)을 언급하였습니다. 따라서 고려 시대에 운영된 시장 감독 기구를 언급한 ⑤번 선지가 정답입니다!

선지 분석
① 조선 후기인 조선 숙종 때 법화인 **상평통보**가 발행되어 전국적으로 유통되었다.
② 조선 후기에는 **농법이 발달**하며 벼농사 이외에도 **담배, 면화, 인삼** 등 다양한 상품 작물을 활발하게 재배하였다.
③ 조선 후기에는 외국으로부터 **감자, 고구마** 등의 **구황 작물이 전래**되었다.
④ 조선 후기에는 **광산 개발이 활성화**되며 **설점수세제**를 시행하여 민간의 광산 개발을 허용하였으며 이 시기 **덕대**는 물주의 자금을 받아 **광산을 운영·관리**하였다.
⑤ **고려의 수도 개경**에 **시전을 감독**하고 관리하기 위한 관청인 **경시서**가 설치되었다.

➕ 해품사의 출제 저격

조선 후기의 사회상 유형은 주로 조선 시대 후기의 경제 상황 또는 문화 사례를 파악하는 문제를 출제합니다. 특히 조선 전기의 사례(예: 과전법 실시, 염포 및 제포 왜관에서 교류 등)를 빈출 오답으로 제시하므로 주의할 필요가 있습니다.

26. 정답 ①

문제 키워드 추출
- ✓ 세견선, 계해약조

문제에서 조선이 교역을 위해 국내 내왕을 허가한 일본의 무역선인 세견선과 1443년 조선 세종 대에 조선과 대마도주가 무역에 관해 체결한 조약인 계해약조가 제시되었으므로, 조선 시대에 일본 사신이 머물던 숙소인 동평관이 언급된 ①번이 정답입니다!

선지 분석
① 조선 전기에는 한성에 **일본의 사신을 접대**하는 기구인 **동평관**을 두어 일본과 외교 및 무역을 실시하였다.
② 조선 세종 때 김종서를 파견하여 **여진을 정벌**한 뒤 **두만강 하류에 6진을 설치**하였다.
③ 고려 원 간섭기 때 원나라에 보낼 공녀를 선발하는 기구인 **결혼도감**이 설치되었다.

④ 최우 정권 때 장기적인 대몽 항쟁을 위해 강화 천도를 단행하였다.
⑤ 조선은 명나라와 청나라에 성절사(황제와 황후 생일 축하), 천추사(황태자 생일 축하), 하정사(정월 초하룻날), 동지사(동짓달마다 정기 파견) 등의 사절단을 파견하였다.

➕ 해품사의 출제 저격

조선의 외교 사례 유형을 공략할 때, 중국의 경우 정확한 국가 및 시기(예 명나라 or 청나라)를 구별할 필요가 있으나, **조선과 일본의 외교**는 시기와 무관하게 전반적인 외교 사례만 파악하면 쉽게 풀이할 수 있습니다. 특히 조선 전기와 관련된 사례를 출제할 경우 계해약조, 동평관, 염포·제포·부산포 개항 등의 키워드를 주로 언급하며, 조선 후기와 관련된 사례를 출제할 경우 통신사와 관련된 전반적인 키워드를 언급할 수 있으므로 이를 기억하여 접근하는 것이 중요합니다.

27. 정답 ④

문제 키워드 추출
☑ 우리 왕조께서 수도를 세울 때 맨 처음 지은 정궁, 이 궁궐을 다시 지음, 고종실록

문제에서 제시된 '조선 왕조 개창과 함께 세워진 궁궐'은 경복궁이며, 흥선 대원군의 집권 시기 다시 지어졌다는 키워드 또한 경복궁 중건과 관련된 사실이므로, 일제 강점기 경복궁에서 일어난 역사적 사실을 언급한 ④번 선지가 정답입니다!

선지 분석
① 창경궁은 일제에 의해 동물원과 식물원이 설치되고 '동산'을 의미하는 창경원으로 격하되었다.
② 덕수궁 석조전에서 미국과 소련은 한국의 민주주의 임시 정부 수립을 논의하는 제1차 미소 공동 위원회를 개최하였다.
③ 조선 정조 때 창덕궁 후원에 설치한 규장각은 왕실 도서관이자 인재 양성, 정책 연구 등 다양한 기능을 담당하였다.
④ 일제는 1915년에 **경복궁**에서 대규모 박람회인 조선 물산 공진회를 개최하였다.
⑤ 창덕궁은 경복궁 건립 이후 태종이 개경에서 한양으로 도읍을 다시 옮기며 건립한 대표적인 이궁이다.

➕ 해품사의 출제 저격

한능검에서 궁궐 유형을 출제할 경우 대체로 문제 키워드로 부속 건물을 제시하며, 정답 키워드로 궁궐 관련 역사적 사실을 제시하는 경우가 많습니다. 특히 **경복궁**의 경우 다른 궁궐과 달리 조선 시대부터 현대까지 비교적 넓은 범위의 역사적 사실을 활용하여 정답을 제시할 수 있기 때문에 꼼꼼하게 공략할 필요가 있습니다.

28. 정답 ②

문제 키워드 추출
☑ 황초령비와 흡사, 진흥왕의 고비로 정함

문제에서 김정희가 북한산 순수비를 황초령비와 대조한 결과 진흥왕 순수비임을 고증한 역사적 사실을 언급하였기 때문에, 김정희가 창안한 독창적인 필체를 언급한 ②번 선지가 정답입니다!

선지 분석
① 조선의 송시열을 비롯한 서인은 효종 사망 이후 효종의 계모인 자의 대비의 복상 기간을 논의한 기해 예송 때 기년복(1년 상복)을 주장하였다.
② 조선의 **김정희**는 중국 역대 명필가들의 필체를 연구하여 자신만의 독특한 필체인 추사체를 창안하였다.
③ 조선의 홍대용은 『의산문답』을 통해 지전설을 주장하는 동시에 중국 중심의 천하관을 비판하였다.
④ 조선의 박제가는 『북학의』에서 수레와 배의 이용을 권장하고 저축보다 소비의 촉진을 강조하였다.
⑤ 조선의 이이는 제왕의 학문을 정리하여 군주가 수행해야 할 덕목과 지식을 총망라한 『성학집요』를 집필하였다.

해품사의 출제 저격

조선 시대의 인물 유형은 각 인물의 활동 시기, 대표 저서, 업적 등 관련 키워드를 암기하는 것이 중요합니다. 특히 김정희의 경우 신라 진흥왕의 업적 또는 조선 후기의 그림 유형과 연계할 수 있기 때문에 관련 키워드를 정확히 암기할 필요가 있습니다.

29. 정답 ④

문제 키워드 추출
- ✓ 성난 군중 수백 명이 갑자기 공사관을 습격함

문제에서 임오군란 발생 이후 구식 군인들이 일본 공사관을 습격한 사례를 제시하였으므로, 임오군란의 결과 일본과 체결한 조약의 영향을 다룬 ④번 선지가 정답입니다!

선지 분석
① 을사늑약 체결에 반대하며 조직된 을사의병 당시 최익현, 민종식 등 일부 유생들이 의병장으로 활약하였다.
② 1876년 강화도 조약 체결 이후 조선 정부는 효율적인 개화 정책 추진을 위해 1880년에 통리기무아문을 설치하였고, 1881년에는 기존의 5군영을 2영으로 개편하여 신식 군대인 별기군을 창설하였다.
③ 병인양요 때 프랑스군은 강화도에 위치한 외규장각에서 의궤를 비롯한 여러 도서를 약탈하였다.
④ 임오군란의 결과 조선은 일본에 배상금 지불과 일본 공사관 내 군대 주둔을 규정한 제물포 조약을 체결하였다.
⑤ 영선사는 개항기 조선의 개화 정책 추진의 일환으로 파견되어 1881~1882년에 청에서 근대식 무기 제조 기술을 학습하고 돌아왔으며, 이후 기기창의 설립에 영향을 주었다.

해품사의 출제 저격

임오군란과 갑신정변은 공통적으로 청나라 군대의 개입으로 인해 실패하였으며, 두 사건 이후 일본 또는 청나라와 조약을 체결하였다는 사실을 자주 연계합니다. 그러므로 두 사건 이후 체결된 조약의 영향 관련 키워드를 통해 두 사건을 정확히 구별할 필요가 있습니다.

30. 정답 ⑤

문제 키워드 추출
- ✓ 영종진 불법 침입, 강화부, 신헌

문제에서 강화도 조약 체결의 배경인 운요호 사건 당시 일본이 강화도의 초지진과 인근의 영종진을 침략한 사건과 강화도 조약 체결 당시 한국 측 협상 대표 인물인 신헌이 언급되었으므로, 강화도 조약의 체결의 영향과 관련된 사례를 다룬 ⓒ, ⓔ 선지를 골라야 합니다!

선지 분석
㉠ 조미 수호 통상 조약과 조일 통상 장정은 공통적으로 가장 유리한 대우를 받는 나라와 동등한 혜택을 상대국에도 부여하는 최혜국 대우를 규정하였다.
㉡ 일본과의 무역에서 관세 문제를 해결하기 위해 체결한 조일 통상 장정에는 조선이 일시적으로 쌀 수출을 금지하려고 할 때 1개월 전에 지방관이 일본 영사관에 통지할 것을 규정한 방곡령이 포함되었다.
㉢ 강화도 조약 체결 이후 조선 정부는 두 나라의 관계 회복과 일본의 문물을 탐색하기 위해 김기수를 제1차 수신사로 파견하였다.
㉣ 조선은 일본과 강화도 조약을 체결한 이후 일본에 부산, 원산, 인천의 세 항구를 개항하였다.

해품사의 출제 저격

강화도 조약 및 개항기에 체결된 조약을 활용한 유형의 경우, 문제에서 조약의 원문 일부를 제시하거나, 조약의 내용 또는 영향과 관련된 키워드를 제시할 가능성이 높습니다. 특히 각 조약을 체결한 국가를 정확히 구별해야 문제에서 제시한 조약을 쉽게 파악할 수 있습니다.

31. 정답 ①

문제 키워드 추출
✓ 전주성을 점령하다, 우금치에서 패배하다

(가) 이전 사건인 전주성 점령은 동학 농민군이 황토현·황룡촌 전투에서 관군에게 승리한 후 전주성을 점령한 사건이며, (가) 이후 사건은 우금치 전투로, 제2차 동학 농민 운동 당시 동학 농민군이 우금치에서 관군과 일본군에 맞서 싸웠으나 패배한 전투 사례입니다. 동학 농민군은 전주성 점령 직후 정부와 전주 화약을 체결하고 집강소를 설치하였으므로 ①번 선지가 정답입니다!

선지 분석
① 제1차 동학 농민 운동 종결 이후 동학 농민군은 정부와 전주 화약을 체결하며 자신들의 요구 사항을 실현하기 위해 집강소를 설치를 조선 정부 측에 조건으로 제시하였다(1894).
② 동학 농민 운동 발생 이전에 동학교도들이 최제우의 신원을 주장하며 삼례 집회와 보은 집회를 개최하였다(이전, 1892~1893).
③ 동학 농민군은 제1차 동학 농민 운동이 본격화되기 직전에 백산에 집결하여 자신들의 요구 사항을 담은 4대 강령을 발표하였다(이전, 1894).
④ 제1차 동학 농민 운동 때 동학 농민군은 전라북도 정읍에 위치한 황토현에서 관군에게 승리하였다(이전, 1894).
⑤ 동학의 창시자인 최제우가 처형된 이후, 제2대 교주인 최시형이 최제우의 뒤를 이었다(이전, 1864).

➕ 해품사의 출제 저격
한능검 심화에서 동학 농민 운동을 출제할 경우, 대체로 사실형 유형보다는 흐름형 유형으로 출제한 사례가 더욱 많습니다. 이러한 기출 경향에 맞춰 동학 농민 운동과 관련된 전반적인 사건 흐름 파악은 필수적입니다.

32. 정답 ①

문제 키워드 추출
✓ 근일에 의병을 일으킨 이들, 대군주 폐하께서 외국 공사관에 파천함

문제에서 제시한 사건은 개항기인 1896년에 일어난 아관 파천으로 고종이 을미사변 이후 신변의 위협을 느껴 러시아 공사관으로 피신한 사건입니다. 또한 제시문의 의병은 아관 파천 직전에 일어난 을미의병으로, 을미사변과 그 이후 을미개혁에서 실시된 단발령에 반발하여 일어났습니다. 이들은 아관 파천 후 고종의 권고로 해산하였습니다. 따라서 아관 파천 이후 고종이 환궁한 뒤 창설된 대한 제국의 황제 직속 군대를 언급한 ①번 선지가 정답입니다!

선지 분석
① 대한 제국은 황제 직속의 군 통수 기구인 원수부를 설치하였다(1899).
② 경복궁 건청궁에서 일제가 보낸 자객이 조선의 명성 황후를 시해하는 을미사변이 발생하였다(이전, 1895).
③ 1880년에 통리기무아문이 설치된 이후 기존의 5군영을 2영으로 개편하고 신식 군대인 별기군을 창설하였다(이전, 1881).
④ 을미개혁 때 태양력을 채택하고 건양이라는 독자적인 연호를 제정하였다(이전, 1895).
⑤ 청일 전쟁에서 일본이 승리하며, 일본과 청나라는 시모노세키 조약을 체결하여 배상금 지불과 랴오둥반도 할양을 규정하였다(이전, 1895).

➕ 해품사의 출제 저격
을미사변~대한 제국 건립의 흐름형 유형의 경우 출제할 수 있는 사건의 흐름이 비교적 단조로우며, 자주 출제되는 키워드가 명확하기 때문에 비교적 쉽게 공략할 수 있습니다. 단, 을미사변 직후 을미개혁이 진행되었다는 사실을 주의하여 암기할 필요가 있습니다.

33. 정답 ①

문제 키워드 추출
☑ 지계

문제에서 광무개혁 당시 시행한 경제 개혁의 일환으로 발급한 토지 증명 문서인 지계를 언급하였으므로, 광무개혁의 또 다른 대표적인 개혁 사례인 대한국 국제 발표를 언급한 ①번 선지가 정답입니다!

선지 분석
① **광무개혁** 당시 **대한 제국**은 황제를 중심으로 권력을 개편한 헌법인 **대한국 국제**를 발표하였다.
② 제2차 갑오개혁 때 근대식 사범 학교에 대한 관제인 교육입국 조서를 반포하고 한성 사범 학교가 설립되었다.
③ 한성순보는 1883년에 박문국에서 발행된 최초의 근대식 신문으로, 순 한문으로 발행되었으며 열흘마다 발간하였다.
④ 흥선 대원군은 집권 당시 병인양요, 오페르트 도굴 사건, 신미양요 등을 계기로 전국에 척화비를 세워 서양과의 통상 수교 반대 의지를 표방하였다.
⑤ 조미 수호 통상 조약을 체결한 이후인 1883년에 민영익, 홍영식 등이 미국에 보빙사로 파견되었다.

➕ **해품사의 출제 저격**

광무개혁은 황제와 관련된 사례를 연계하여 언급할 가능성이 높습니다. 대표적인 예시로 대한국 국제(황제 권력 중심의 헌법 발표), 원수부(황제 직속 군대)가 있습니다. 특히 문제 키워드로 고종을 제시할 가능성이 높기 때문에, 만약 문제에서 고종과 황제 관련 키워드가 언급되면 광무개혁 또는 대한 제국을 출제하였다고 판단하고 접근하는 것을 권장합니다.

34. 정답 ②

문제 키워드 추출
☑ 박승환, 병대에 대한 해산 소식

문제에서 제시된 사건은 일제가 정미 7조약(한일 신협약)을 체결하며, 대한 제국 군대를 강제 해산한 사건(개항기, 1907. 8.)입니다. 대한 제국 군대의 대대장인 박승환 키워드가 함께 제시되었으므로, 대한 제국 이후 해산된 군인의 일부가 합류한 정미의병의 활동을 다룬 ②번 선지가 정답입니다!

선지 분석
① 러시아가 군사 기지 확보를 위해 **용암포를 강제 점령**하고, 대한 제국에 조차를 요구한 용암포 사건은 러일 전쟁 발발의 원인이 되었다(이전, 1903).
② **정미의병**은 해산된 대한 제국의 군대가 일부 합류한 후, **13도 창의군**을 결성하여 서울 진공 작전을 전개하였다(이후, 1908).
③ 러일 전쟁 때 제1차 한일 협약의 체결 결과 국내에 외교 고문으로 미국인 스티븐스, 재정 고문으로 일본인 메가타가 파견되었다(이전, 1904).
④ 최익현은 을사늑약 체결에 반발하여 전북 태인에서 을사의병을 주도하였다(이전, 1906).
⑤ 독립 협회는 자주 표방 및 청나라에 대한 사대 청산을 목적으로 기존의 영은문을 헐고 독립문을 건립하였다(이전, 1897).

➕ **해품사의 출제 저격**

구한말 일제의 침략 유형에서 가장 중요한 키워드는 을사늑약 체결 전후의 역사적 사실입니다. 그러므로 을사늑약 체결 → 헤이그 특사 파견 → 고종 강제 퇴위 및 정미 7조약 체결로 인한 대한 제국 군대 강제 해산 → 정미의병 발생 및 서울 진공 작전 전개 → 기유각서 체결의 흐름을 필수적으로 기억해야 합니다.

35. 정답 ③

문제 키워드 추출
☑ 태극 서관, 대성 학교

문제에서 신민회가 계몽 서적 보급을 위해 설립한 서점인 태극 서관과 신민회의 안창호가 설립한 민족 학교인 대성 학교 키워드를 제시하였으므로, 신민회의 해체 원인을 언급한 ③번 선지가 정답입니다!

선지 분석
① 보안회는 일제의 황무지 개간권 요구를 저지시켰다.

② 대한 자강회는 고종의 강제 퇴위를 반대하는 운동을 전개하였다.
③ 신민회는 일제가 조작한 데라우치 총독 암살 혐의로 주요 간부들이 대거 체포당하는 105인 사건으로 와해되었다.
④ 배재 학당은 1885년에 미국인 선교사 아펜젤러가 서울 중구 정동에 세운 근대식 중등 교육 기관으로 한국 최초로 외국인이 설립한 학교이다.
⑤ 대한민국 임시 정부는 대미 외교를 수행하기 위해 워싱턴에 구미 위원부를 설치하였다.

➕ 해품사의 출제 저격

한능검에서 애국 계몽 운동 단체 유형으로 신민회를 출제할 경우 대표 인물, 활동 사례 등을 중심으로 공략할 필요가 있습니다. 특히 자주 언급되는 신민회의 인물들이 세운 학교 키워드는 반드시 암기해야 합니다.

36. 정답 ④

문제 키워드 추출
☑ 양기탁과 베델이 창간

문제에서 대한매일신보를 창간한 양기탁과 베델을 언급하였으므로, 대한매일신보의 활동과 관련된 사례를 다룬 ④번 선지가 정답입니다!

선지 분석
① 한성주보는 개항기에 발행된 우리나라 최초의 주간 신문으로, 상업 광고를 처음으로 게재하였다.
② 천도교는 기관지로 『만세보』를 발행하였다.
③ 한성순보는 박문국에서 발행된 최초의 근대식 신문으로, 순 한문으로 발행되었으며, 열흘마다 발간하였다.
④ 대한매일신보는 서상돈, 김광제 등의 발의로 시작된 국채 보상 운동을 지원하였다.
⑤ 황성신문은 남궁억이 창간한 신문으로, 국문과 한문 혼용체를 사용하였고, 을사늑약의 부당성을 규탄한 장지연의 「시일야방성대곡」을 게재하였다.

➕ 해품사의 출제 저격

대한매일신보는 개항기의 신문 중 유일하게 외국인이 창간자로 참여한 신문이기 때문에, 만약 신문 유형에서 외국인과 관련된 키워드가 언급되면 대한매일신보를 제일 먼저 떠올려야 합니다. 특히 한능검에서 대한매일신보는 국채 보상 운동을 연계할 가능성이 매우 높기 때문에 대표적인 짝꿍 키워드로 암기하는 것을 추천합니다.

37. 정답 ①

문제 키워드 추출
☑ 조선에 조선 총독부를 설치함, 총독 임용의 범위 확장, 경찰 제도 개정, 일반 관리나 교원 등의 복제 폐지

(가) 조선 총독부 설치(일제 강점기, 1910)
(나) 사이토 마코토의 시정 방침(일제 강점기, 1919)

(가)는 1910년 일제가 서울에 식민 통치 기구인 조선 총독부를 설치하며 밝힌 방침으로, 1910년대 무단 통치를 주도한 조선 총독부가 설치된다는 것을 알리는 내용입니다. (나)는 사이토 마코토의 시정 방침으로 1920년대 일제의 식민 통치 방식인 이른바 문화 통치를 실시하겠다고 발표하는 내용을 담고 있습니다. 따라서 1910년대 무단 통치기 일제의 경제 침탈 사례인 회사령이 언급된 ①번 선지가 정답입니다!

선지 분석
① 무단 통치기에는 회사를 설립할 때 조선 총독의 허가를 받도록 하는 회사령이 제정되었다.
② 만주 지역의 독립운동을 탄압하기 위해 1925년에 일제의 경무국장 미쓰야는 중국의 군벌 장쭤린과 미쓰야 협정을 체결하였다.
③ 이른바 문화 통치기에 일제가 민립 대학 설립 운동을 탄압하기 위한 목적으로 경성 제국 대학을 설립하였다.
④ 동양 척식 주식회사는 일제가 국내의 자본 및 토지를 침탈할 목적으로 1908년에 세운 회사이다.
⑤ 민족 말살 통치기에 일제는 독립운동을 보다 강하게 탄압하고자 조선 사상범 예방 구금령을 제정하였다.

➕ 해품사의 출제 저격

한능검에서 **무단 통치기**의 일제 강점기 정책 및 사회상 유형을 출제할 경우 공포적인 분위기를 조성하는 사례와 관련된 키워드가 주로 언급됩니다. 경제 침탈 사례로는 토지 조사 사업과 회사령이 언급될 가능성이 매우 높습니다.

38. 정답 ⑤

문제 키워드 추출
✓ 아리랑, 나운규

문제에서 이른바 문화 통치기에 단성사에서 상영된 우리나라 최초의 영화인 나운규의 『아리랑』을 키워드로 제시하였으므로, 이른바 문화 통치기에 발생한 민족 문화 수호 운동의 사례를 다룬 ⑤번 선지가 정답입니다!

선지 분석
① 민족 말살 통치기에는 일본의 신사에 강제로 참배하도록 유도하였다.
② 민족 말살 통치기에 일제는 천황에 대한 충성심을 강조한 황국 신민 서사의 암송을 강요하였다.
③ 원각사는 1908년에 설립된 우리나라 최초의 근대식 서양 극장으로, '은세계', '치악산' 등의 신극 공연 장소였으며, 1914년에 화재로 소실되었다.
④ 무단 통치기에는 헌병이 경찰을 담당하였고, 일제가 조선인에게만 적용되는 조선 태형령을 시행하였다.
⑤ **이른바 문화 통치기**부터 사회주의 사상에 영향을 받은 신경향파 작가들이 등장하여 카프(KAPF)가 결성되었다.

➕ 해품사의 출제 저격

최근 한능검에서는 **이른바 문화 통치기**와 관련된 사례는 사회상 유형으로 출제되거나, 일제 강점기의 문화 또는 사회를 종합적으로 파악하는 유형에서 언급됩니다. 특히 사회상 유형 관련 키워드로는 나운규의 아리랑 상영, 민립 대학 설립 운동 추진, 신경향파 작가들의 카프(KAPF) 결성을 가장 먼저 암기하는 것을 권장합니다.

39. 정답 ⑤

문제 키워드 추출
✓ 1929년, 한일 학생 간 충돌을 계기로 광주에서 일어남

문제에서 광주 학생 항일 운동의 발생 시기인 1929년과 한일 학생 간 충돌을 계기로 광주에서 일어났다는 광주 학생 항일 운동의 원인을 힌트로 제시하였으므로, 광주 학생 항일 운동을 지원한 단체를 언급한 ⑤번 선지가 정답입니다!

선지 분석
① 광주 학생 항일 운동은 조선 총독부의 방해와 탄압을 받았으나 운동은 전국적으로 확산되었다.
② 3·1 운동의 결과 조직적인 독립운동의 필요성이 모색되며 상하이에 대한민국 임시 정부가 수립되었다.
③ 신간회는 6·10 만세 운동을 계기로 제기된 정우회 선언을 통해 비타협적 민족주의 계열과 사회주의 계열이 연합하여 결성된 단체이다.
④ 3·1 운동은 일제가 조선인에 대한 통치 방식을 무단 통치에서 이른바 문화 통치로 변화하는 계기를 제공하였다.
⑤ **신간회는 광주 학생 항일 운동** 발생 이후 진상 조사단을 파견하여 지원하였다.

➕ 해품사의 출제 저격

일제 강점기의 항일 운동 유형은 각 운동의 배경, 전개, 영향을 중심으로 구별할 필요가 있습니다. 특히 **광주 학생 항일 운동**의 경우 진상 조사단을 파견하여 지원한 신간회를 짝꿍 키워드로 암기하는 것을 권장합니다.

40. 정답 ①

문제 키워드 추출
✓ 중일 전쟁, 위안부

문제에서 민족 말살 통치기에 일어난 대표적인 사건인 중일 전쟁과 같은 시기 일본군에 의해 성노예 생활을 강요당했던 위안부를 제시하였기 때문에, 민족

말살 통치기에 제정된 대표적인 법이 언급된 ①번 선지가 정답입니다!

선지 분석

① **민족 말살 통치기**에 일제는 전시 체제에 대비하기 위해 **조선인들을 물적·인적으로 수탈**하는 법인 **국가 총동원법**을 제정하였다.
② 일제는 **이른바 문화 통치기**에 자국의 식량 문제를 해결하기 위한 목적으로 **조선을 식량 및 원료 공급지로 만들기 위해 산미 증식 계획**을 실시하였다.
③ **무단 통치기**에는 일제가 **근대적 토지 소유 관계를 확립할 명분**으로 시행한 **경제 침탈 사업**인 **토지 조사 사업**을 실시하였다.
④ **무단 통치기**에 시행된 **제1차 조선 교육령**은 보통학교의 수업 연한을 4년으로 정하였다.
⑤ 일제는 **이른바 문화 통치기**인 1925년에 식민 지배에 반대하고 사유 재산 제도를 부인하는 **사회주의자들을 탄압할 목적**으로 **치안 유지법**을 제정하였다.

➕ 해품사의 출제 저격

한능검에서 **민족 말살 통치기**의 일제 강점기 정책 및 사회상 유형을 출제할 경우 주로 전쟁, 세뇌, 노역과 관련된 키워드가 언급됩니다. 특히 중일 전쟁 및 태평양 전쟁 등의 키워드를 언급할 가능성이 높습니다.

41. 정답 ⑤

문제 키워드 추출
✓ 사탕수수 농장

문제에서 미주 지역의 하와이에 위치한 대표적인 농장이자 많은 한인들이 이주하여 열악한 노동 환경을 경험했던 사탕수수 농장을 언급하였기 때문에, 미주 지역에서 결성된 군사 조직이 언급된 ⑤번 선지가 정답입니다!

선지 분석

① **최재형**은 홍범도, 이상설 등과 함께 **연해주 지역**의 **신한촌**에서 항일 독립운동 단체인 **권업회**에서 활동하고 **권업신문**을 발행하였다.

② **서간도 지역**에는 신민회 간부와 함께 이상룡 등이 **독립운동 단체이자 한인 자치 기구**인 **경학사**를 설립하였다.
③ **북간도 지역**에서는 기존의 **대종교의 군사 조직**인 **중광단**을 개편하여 **북로 군정서**가 조직되었으며, 이 독립군은 **청산리 전투**에서 활약하였다.
④ **도쿄 지역**의 청년 유학생들은 **2·8 독립 선언서**를 발표하여 독립운동을 주도하였고, 이는 **3·1 운동**에 영향을 주었다.
⑤ 대표적인 **미주 지역의 국외 독립운동**으로는 하와이에서 **박용만**의 주도로 **대조선 국민 군단**을 창설하여 독립운동을 위한 군사를 양성한 사례를 들 수 있다.

➕ 해품사의 출제 저격

일제 강점기 국외 독립운동 유형은 크게 기구, 관련 역사적 사실, 독립운동 사례를 중심으로 공략할 필요가 있습니다. 특히 **미주 지역의 국외 독립운동** 사례와 관련된 키워드는 대체로 다른 지역의 사례에 비해 키워드가 길다는 것이 힌트입니다.

42. 정답 ④

문제 키워드 추출
✓ 충칭, 한국광복군

문제에서 대한민국 임시 정부가 최종적으로 정착한 지역인 충칭과 충칭 시기의 대한민국 임시 정부의 산하 군사 조직인 한국광복군이 키워드로 언급되었으므로, 충칭 시기의 대한민국 임시 정부의 조소앙이 발표한 건국 계획을 언급한 ④번 선지가 정답입니다!

선지 분석

① **여운형, 김규식**은 1946년에 **좌우 합작 위원회**를 결성하고 미소 공동 위원회의 재개 등을 요구하는 **좌우 합작 7원칙**을 발표하였다.
② **의열단**은 신채호가 집필하여 **직접적이고 폭력적인 혁명의 방향성**을 제시한 **조선 혁명 선언**을 활동 지침으로 삼았다.
③ **상하이 시기**의 대한민국 임시 정부는 국내외 연락을 위해 **비밀 행정 조직**인 **연통제**를 운영하였다.

④ 충칭 시기의 대한민국 임시 정부에서 활동한 조소앙은 1941년에 정치·경제·교육 세 가지의 균형(삼균주의)을 바탕으로 해방 이후의 건국 계획을 발표하였다.
⑤ 상하이 시기의 대한민국 임시 정부는 국제 연맹 회의에 우리 민족의 독립을 요청하기 위해 『한일 관계 사료집』을 편찬하였다.

➕ 해품사의 출제 저격

대한민국 임시 정부 유형은 크게 사실형 유형과 흐름형 유형으로 나누어 출제할 수 있으며, 흐름형 유형으로 출제할 경우 국민 대표 회의(1923), 대일 선전 성명서 발표(1941) 등 자주 출제되는 사건이 있으므로 연도를 암기하는 것을 권장합니다. 특히 대한민국 임시 정부 유형을 어렵게 출제할 경우 상하이 시기의 사례와 충칭 시기의 사례를 구별하는 유형을 출제할 수 있으므로, 문제에 제시된 키워드를 상하이 시기와 충칭 시기로 나누어 정확히 분석하는 것이 중요합니다.

43. 정답 ①

문제 키워드 추출
✓ 양세봉, 중국 의용군 부대와 합세, 영릉가성을 점령

문제에서 조선 혁명군의 총사령관인 양세봉과 조선 혁명군이 영릉가에서 일본군에게 승리한 전투 사례인 영릉가성 점령을 언급하였으므로, 조선 혁명군이 중국 의용군과 연합하여 전투에서 승리한 사례를 언급한 ①번 선지가 정답입니다!

선지 분석
① 조선 혁명군은 중국 의용군과 연합하여 영릉가 전투, 흥경성 전투에서 승리를 거두었다.
② 서일의 대한 독립 군단은 독립군 내부 지휘권 분쟁 관련하여 러시아군과 충돌하는 자유시 참변을 겪었다.
③ 한국광복군은 미국 전략 정보국(OSS)과 연합하여 국내 정진군을 육성한 뒤 국내 진공 작전을 추진하였다.
④ 한국광복군은 제2차 세계대전 당시 연합군과 연합 작전을 전개하였다.

⑤ 조선 의용대는 중국 국민당의 지원을 받아 중국 관내(關內)에서 결성된 최초의 군사 조직이다.

➕ 해품사의 출제 저격

한국 독립군과 조선 혁명군은 공통적으로 1930년대 전기를 중심으로 만주 지역에서 활동한 독립운동 단체라는 특징이 있습니다. 특히 두 단체의 경우 활동 지역이 유사하기 때문에, 북만주 및 남만주 지역을 구별하는 것이 필수적이며, 이 외에도 총사령관, 전투 사례, 연합한 중국 군사 조직 등을 정확히 구분할 수 있어야 합니다.

44. 정답 ①

문제 키워드 추출
✓ 백정들은 신분제가 폐지되었음에도 끊임없이 차별받았다, 저울처럼 평등한 세상

문제에서 백정들이 신분제 폐지 이후에도 지속적으로 차별받았던 형평 운동의 발생 원인과 '형평'의 의미를 언급하였으므로, 형평 운동을 주도한 단체를 언급한 ①번 선지가 정답입니다!

선지 분석
① 백정들은 신분 해방 이후 남아있는 사회적 차별에 맞서 조선 형평사를 조직하여 형평 운동을 주도하였다.
② 천도교는 민중 계몽을 위해 『개벽』, 『신여성』 등의 잡지를 발간하였다.
③ 어린이날을 제정하고, 잡지 『어린이』를 창간한 방정환은 천도교 소년회와 색동회를 조직하는 등 어린이의 권익을 보호하는 소년 운동을 추진하였다.
④ 6·10 만세 운동은 순종(융희) 황제의 인산일을 기회로 삼아 사회주의 계열과 학생들을 중심으로 추진되었다.
⑤ 이른바 문화 통치기에 문평 라이징 선 석유 회사의 조선인 노동자가 구타당한 것을 계기로 원산 총파업이 발생하였다.

➕ **해품사의 출제 저격**

한능검에서 **형평 운동**을 출제할 경우, 백정 또는 진주 지역에서 시작되었다는 키워드를 언급할 가능성이 매우 높습니다. 특히 문제에서 공평, 사랑, 애정 등 특정 단어가 언급될 경우에도 형평 운동을 떠올릴 필요가 있습니다.

45. 정답 ④

문제 키워드 추출
☑ 이순신전, 을지문덕전, 조선상고사

문제에서 신채호가 저술한 대표적인 역사서인 『조선상고사』와 신채호의 대표적인 위인전인 『이순신전』, 『을지문덕전』을 언급하였으므로, 신채호의 또 다른 저서인 『독사신론』을 언급한 ④번 선지가 정답입니다!

선지 분석
① 이병도와 손진태는 실증주의 사학을 기반으로 한 진단 학회를 조직하였다.
② 정인보는 정약용의 저술을 모아 『여유당전서』를 간행하고 민족의 얼을 강조하는 조선학 운동을 주도하였다.
③ 박은식은 갑신정변부터 3·1 운동이 발생한 다음 해까지의 항일 독립운동 역사를 정리한 『한국독립운동지혈사』를 저술하였다.
④ 신채호는 민족주의 사관에 기초하여 우리나라의 고대 역사를 정리한 『독사신론』을 저술하였다.
⑤ 백남운은 『조선사회경제사』에서 유물 사관을 바탕으로 일제의 식민 사관인 정체성론을 반박하였다.

➕ **해품사의 출제 저격**

신채호는 주로 전근대사와 관련된 역사서를 저술하였다는 특징이 있습니다. 또한 의열단의 활동 지침인 조선 혁명 선언 및 대한민국 임시 정부의 주요 인물로서 다양한 키워드와 연계하여 출제될 수 있는 인물이므로 주목할 필요가 있습니다.

46. 정답 ③

문제 키워드 추출
☑ 태평양 지역 방위선, 미합중국의 육군, 해군과 공군을 대한민국의 영토 내와 그 부분에 배치

(가) 애치슨 라인 발표(현대, 1950)
(나) 한미 상호 방위 조약(현대, 1953)

(가)에서 제시한 태평양 지역의 방위선은 6·25 전쟁 직전 미국의 국무 장관 애치슨이 발표한 극동 방위선인 애치슨 라인이며, (나)의 미합중국의 육·해·공군을 대한민국에 배치한다는 내용은 6·25 전쟁 직후에 발표된 한미 상호 방위 조약의 핵심 내용이기 때문에, (가)와 (나) 사이 시기에 발생한 6·25 전쟁 관련 키워드를 언급한 ③번 선지가 정답입니다!

선지 분석
① 광복 직후 미국, 영국, 소련 3국의 외무장관은 모스크바에 모여 한국 문제를 비롯하여 제2차 세계 대전 이후의 여러 지역 문제를 협의하기 위한 회의를 개최하였으며, 이 회의의 결과 신탁 통치가 결정되었다(이전, 1945).
② 제헌 국회는 친일파 처벌을 목적으로 반민족 행위 처벌법을 제정하였고 그 결과 반민족 행위 특별 조사 위원회가 출범하였다(이전, 1948).
③ 발췌 개헌은 6·25 전쟁 중인 1952년에 부산에서 공포된 우리나라의 첫 개헌으로, 이승만이 대통령 재선을 위해 부산 지역에 비상계엄을 선포하고 발췌 개헌안을 통과시켰다.
④ 유엔 한국 임시 위원단의 감시 아래 우리나라 최초의 보통 선거인 5·10 총선거가 실시되었다(이전, 1948).
⑤ 이승만 정부 때 국회에서 여당 단독으로 신국가 보안법을 통과시켰다(이후, 1958).

➕ **해품사의 출제 저격**

한능검에서 **6·25 전쟁**을 출제할 경우, 애치슨 선언 발표(배경)와 한미 상호 방위 조약 체결(결과)을 빈출 오답으로 제시한 사례가 많기 때문에 주의하여 접근할 필요가 있습니다.

47. 정답 ②

문제 키워드 추출
✓ 제2차 경제 개발 5개년 계획

문제에서 박정희 정부 때 추진한 경제 개발 사업인 제2차 경제 개발 계획을 언급하였으므로, 박정희 정부 시기의 경제 업적을 언급한 ②번 선지가 정답입니다!

선지 분석
① 김영삼 정부 때 우리나라가 경제 협력 개발 기구(OECD)의 29번째 회원국이 되었다.
② 박정희 정부 때인 1977년에 처음으로 수출액 100억 달러를 달성하는 경제적 성과를 이루어냈다.
③ 이승만 정부 때 제분(밀가루)·제당(설탕)·면직물 등 미국으로부터 받은 원조 물자를 가공하는 삼백 산업이 발달하였다.
④ 전두환 정부 때인 1986년부터 저유가·저금리·저달러의 3저 호황을 통해 경제적 호황을 누렸다.
⑤ 김대중 정부 때 빈곤층을 대상으로 교육, 생계, 의료 등 기초 생활을 영위할 수 있도록 보장하는 복지 제도인 국민 기초 생활 보장법을 제정하였다.

➕ 해품사의 출제 저격
박정희 정부 유형은 크게 정치, 경제, 민주화 운동, 외교로 나누어 공략할 필요가 있습니다. 특히 박정희 정부는 경제 업적과 관련된 키워드를 중심으로 공략하는 것을 권장합니다.

48. 정답 ⑤

문제 키워드 추출
✓ 계엄 당국, 무차별한 사격을 가하여 수많은 사상자가 발생, 광주 시민

문제에서 5·18 광주 민주화 운동 당시 전두환 신군부 정권이 계엄군을 통해 광주 시민들을 무력적으로 진압한 상황을 제시하였으므로, 5·18 광주 민주화 운동과 관련된 대표적인 사례를 언급한 ⑤번 선지가 정답입니다!

선지 분석
① 부마 민주 항쟁은 유신 체제의 여러 문제에 대한 불만이 폭발한 민주화 운동인 동시에 박정희 정권의 붕괴를 촉진시킨 직접적인 사건으로 평가받는다.
② 박정희 정부 때 굴욕적인 한일 국교 정상화에 반대하는 6·3 시위가 전개되었다.
③ 이승만 정부 때 발생한 4·19 혁명의 결과 이승만 정부가 하야하고 임시적으로 허정 과도 정부가 수립되었다.
④ 6월 민주 항쟁은 대통령 직선제 개헌의 요구를 거부하는 4·13 호헌 조치에 반발하여 발생한 민주화 운동으로 호헌 철폐, 독재 타도 등의 구호를 내세웠다.
⑤ 4·19 혁명과 5·18 광주 민주화 운동 관련 기록물들은 모두 유네스코 세계 기록 유산으로 등재되었다.

➕ 해품사의 출제 저격
현대의 민주화 운동 유형은 각 민주화 운동이 발생한 시기의 정부, 배경, 전개, 영향과 관련된 키워드 구별이 중요합니다. 특히 5·18 광주 민주화 운동의 경우, 주로 계엄군 및 시민군이 문제 및 정답 키워드로 제시됩니다.

49. 정답 ④

문제 키워드 추출
✓ 대통령 선거인단, 대통령의 임기는 7년으로 하며, 중임할 수 없다

문제에서 제시한 대통령 선거인단은 제8차 개헌에서 규정된 조직으로, 대통령 간선제를 담당하였으며, 대통령 임기 키워드 역시 제8차 개헌에서 확립된 대통령의 임기입니다. 제8차 개헌은 전두환 정권 당시 개정된 헌법이므로, 전두환 정부 때 발생한 대표적인 사건을 언급한 ④번 선지가 정답입니다!

선지 분석
① 2002년 김대중 정부 때 국제 대회인 한일 월드컵이 개최되었다.

② 이승만 정부는 1959년 정부에 비판적인 논설을 게재한 경향신문을 폐간시켰다.
③ 노무현 정부 때 양성 평등의 실현을 위해 기존의 가족 관계 등록 제도인 호주제를 가족 관계 등록부로 변경하였다.
④ **전두환 정부** 때 사회 정화를 명분으로 군부대 내에 삼청 교육대를 설치하고 시민들을 강제로 연행하였다.
⑤ 이승만 정부는 야당 후보인 진보당의 조봉암을 견제하기 위해 평화 통일론을 주장한 조봉암에게 간첩 혐의를 씌워 사형시킨 뒤 진보당을 해체하였다.

③ 노태우 정부 때 남북한이 각각 독립된 국가로 유엔에 동시 가입하였다.
④ 전두환 정부 때 남북 교류 사업의 일환으로 남북 이산가족 고향 방문단의 교환을 최초로 실현하였다.
⑤ 문재인 정부 때 국제 대회인 평창 동계 올림픽이 개최되었으며, 이때 개막식에 남북 선수단이 공동 입장하여 통일 교류에 대한 긍정적인 분위기를 형성하였다.

➕ 해품사의 출제 저격

한능검에서 박정희 정부와 **전두환 정부** 키워드는 미니 스커트 및 장발 단속(박정희 정부), 언론 보도 지침 규정(전두환 정부 등) 등 혼동하기 쉬우므로 주의하여 암기하는 것을 권장합니다. 특히 전두환 정부는 주로 6월 민주 항쟁을 연계하여 언급할 가능성이 높습니다.

➕ 해품사의 출제 저격

김대중 정부 유형의 경우 최초의 남북 정상 회담 및 6·15 남북 공동 선언을 채택하였다는 사실을 자주 언급합니다. 특히 노무현 정부의 10·4 남북 정상 선언 발표와 관련 용어를 혼동하지 않도록 주의할 필요가 있으며, 개성 공단 설치 합의(김대중 정부)와 개성 공단 착공(노무현 정부)을 함정 키워드로 자주 활용하니 관련 내용을 정확히 암기해야 합니다.

50. 정답 ②

문제 키워드 추출
☑ 금 모으기를 전개, IMF 관리 체제에서 벗어날 수 있었음, 국민 기초 생활 보장법

문제에서 김대중 정부 당시 외환 위기 극복을 위해 자발적으로 추진된 금 모으기 운동과 국제 통화 기금(IMF)에 국가 채무 조기 상환, 김대중 정부 때 제정된 법을 언급하였으므로, 김대중 정부의 대표적인 통일 노력 사례인 ②번 선지가 정답입니다!

선지 분석
① 박정희 정부 때 7·4 남북 공동 성명을 발표하고, 협의 사항의 조율 및 남북 관계의 개선 및 발전을 위한 목적으로 남북 조절 위원회를 설치하였다.
② **김대중 정부** 때 개성 공단 설치의 합의와 건설의 착수를 이루었다(개성 공단 착공 본격화는 노무현 정부).

합격시키는 힘, 합격력을 끌어올리다

76회 저격 모의고사
해품사의 기분좋은 한국사능력검정시험 심화

초 판 인 쇄	2025년 09월 09일
초 판 발 행	2025년 09월 18일
발 행 인	박영일
출 판 책 임	이해욱
저 자	해품사
개 발 편 집	박종옥 · 신지호
표 지 디 자 인	장미례
본 문 디 자 인	하한우
발 행 처	㈜시대고시기획시대교육
출 판 등 록	제 10-1521호
주 소	서울시 마포구 큰우물로 75[도화동 성지빌딩]
전 화	1600-3600
홈 페 이 지	www.sdedu.co.kr

ISBN 979-11-383-9987-6(13910)
정가 11,000원

이 책은 저작권법의 보호를 받는 저작물이므로 무단 전재 및 복제, 배포를 금합니다.
파본은 구입하신 서점에서 교환해 드립니다.

남에게 하듯 나에게
구체적으로, 다정하게 칭찬해 주세요.

#다정한칭찬 #나를위한시간

한국사능력검정시험 답안지